리치 라이프 플랜

Rich Life Plan

리치라이프 플랜

김영수 지음

Rich Life Plan

중앙경제평론사

"당신은 노후에 행복할 준비가 되어 있습니까?"

이 물음에 자신 있게 대답할 수 있는 사람이 대한민국에서 몇 명이나 될까. 아마도 10명 중 8명은 "글쎄요"라며 머리를 긁적일 것이다. 실제로 각종 단체 또는 연구기관에서 노후에 관련된 설문조사를 할 때마다 '특별한 노후 준비를 못하고 있다'는 응답이 50%를 넘어서고 있다. 여기서 '특별한 준비'란 노후자금뿐만 아니라 은퇴 이후부터 사망할 때까지 무엇을 하며 지낼 것인가에 대한 준비를 말한다.

사실 은퇴 이후의 삶에 대해 우리는 너무나 막연한 신기루를 좇고 있지 않은지 생각해보아야 한다. 고향에 내려가 전원생활을 한다거나 해외로 은퇴이민을 간다는 식이다. 예를 들어 40대 중년의 한 남자가 은퇴 후 고향에 내려가 텃밭을 일구며 전원생활을 할 생각이라면 구체적으로 전원주택 부지 선정부터 농작물 키우는 방법 등 전원생활을 위한 여러 가지를 고려해야 한다. 물론 이에 따른 금전적인 계획도 미리미리 준비되어야만 한다. 아주 골치 아픈 절차지만 이런 것을 차근차근 챙겨두지 않으면 은퇴 후 더욱 난처한 경우가 발생되고 만다.

필자는 이 글을 쓰면서 은퇴에 대한 많은 생각을 하게 되었다. '죽음'에 대해서는 누구나 부정하지 않는다. 사람이 태어나고 죽는 이치는 초등학생도 알고 있다. 반면 '은퇴'에 대해서는 자신에게 만큼은 닥치지 않는 남의 일로 치부해버린다. 파고다 공원에 삼삼오오 모여 있는 노인들을 보며 젊은이들은 무슨 생각을 하며 지나갈까. 단순히 갈 곳 없는 노인들이 심심해서 공원에 모여 있다고 생각할 것이다. 틀린 생각은 아니지만 그 속을 들여다보면 우리나라처럼 노인들이 불운한 나라도 드물다. 우리나라는 OECD국가 중 60세 이상 노인 자살자 비율이 20대보다 3배 이상 많은 10만명당 54명에 이른다. 노인들의 자살 덕분에 우리나라는 2년 연속 자살률 1위를 고수하고 있다. 급속히 빠른 노령사회 진입이 예상되고 있음에도 불구하고 노인 복지는 후진국 수준에 머물고 있기 때문이다. 이대로 가다가는 현재 젊은이들도 노인이 되면 파고다 공원을 찾게 될지도 모른다. 그러다 차비까지 떨어져 공원에도 가지 못하는 극한 상황에 처한다면 빨리 죽었으면 하는 생각밖에 들지 않게 될 것이다.

그렇다면 이런 불우한 노후를 보내지 않기 위해 우리는 무엇을 어떻게 준비해야 할까. 우선 가장 중요한 것은 노후생활에 대한 가치관을 확립해야 한다. 은퇴를 단순히 경제적 위기를 벗어나기 위해 금전적으로만 준비해야 한다는 생각은 버려야 한다. 미치 앤서니는 자신의 저서 《은퇴 혁명》에서 은퇴는 '경제적 사건'이 아니라 '인생 사건(life event)'이라고 정의했다. 은퇴를 단순히 경제적 사건으로 취급하는 사고는 버려야 한다는 것이다. 따라서 은퇴는 종합적인 접근방식으로 개인의 열망과 삶의 단계, 가족에 대한 책임과 건강문제, 경제적 우려 등을 함께 다루어야 한다.

따라서 은퇴 준비를 하는 데 있어서 노후를 담보로 현재의 삶을 지나치게 희생할 필요는 없다. 급여 생활자라면 매월 받는 월급에서 조금씩 떼어 개인연금이나 펀드와 같은 장기투자형 상품에 가입하면 된다. 다만 중요한 것은 적절한 투자가 이루어져야 한다는 것이다. 생활형편이 쪼들릴 정도로 은퇴자금을 마련하는 것은 가계에 상당한 부담이 될 수밖에 없기 때문이다. 은퇴를 준비할 때 또 한 가지 생각해두어야 할 것은 노후에 무엇을 하면서 지낼 수 있을까이다. 은퇴는 점점 빨라지고 있는 반면 평균 수명은 갈수록 증가하고 있어 노후기간이 적어도 20년 이상은 될 것이다. 노후자금을 엄청 많이 모았다고 하더라도 20년 이상 골프나 해외관광만 즐길 수는 없다. 이는 체력적으로도 따라주지 못한다. 따라서 종교활동이나 봉사활동 등 젊어서 다른 사람에게 베풀지 못했던 일도 생각해볼 수 있다.

이런 점을 감안했을 때 노후 준비의 필수요소는 건강·돈·일(직업)·취미·가족(친구) 등으로 압축할 수 있다. 구체적으로 삶의 밑천인 건강에 젊어서부터 미리 투자해 건강을 다지고 노후에 즐기면서 할 수 있는 직업이나 일거리를 찾아야 한다는 이야기다. 또 노후에

궁색하지 않은 생활을 할 수 있을 정도의 돈을 마련하고 다양한 취미, 여가활동을 통해 삶의 질을 높일 수 있도록 자기계발에 힘써야 하며 노년에 인생을 함께 즐길 수 있는 가족과 친구가 있어야 한다. 특히 노화를 자연스럽게 받아들이고 언젠가는 생을 마치게 되는 죽음에 대한 마음의 준비도 필요하다. 물론 이를 모두 충족한다고 해서 100% 완벽한 은퇴 준비를 했다고 볼 수는 없다. 은퇴 준비는 개개인의 재무상태나 재무목표에 따라 다양하게 변하기 때문이다.

이제 은퇴 준비를 얼마나 잘하고 못하느냐는 개인적으로 치부할 수 없는 사회적 의제(Agenda)가 됐다. 아니 앞으로도 지속적으로 논의될 삶의 문제가 될 것이다. 이런 의미에서 이 책을 통해 그동안 삶의 무게가 힘들어 은퇴에 대해 미쳐 생각하지 못했던 독자들에게 나침반이 되기를 바란다.

김영수

차례

고령사회의 어두운 먹구름

평균수명 100세 시대에 산다고 해서 우리 모두가 행복해질 수는 없다. 특별한 노후를 준비하지 않는다면 은퇴 이후 은둔에 가까운 삶을 살아야 한다.

Rich Life Plan

1장

1 평균수명 100세 시대의 재앙

▎고령화 쇼크

Scene 1　2100년 6월 10일, 서울 명동의 한 실버용품 판매점.

60~70대로 보이는 사람들이 매장을 가득 메웠다. 오후 3시 이 가게에서 특정 실버용품에 대해 초저가 할인판매를 실시할 예정이기 때문이다. 3시 정각이 되자 할인품목을 사려는 사람들로 발디딜 틈조차 없다.

할인제품을 사지 못한 사람들은 다른 실버용품 판매점을 향해 걸음을 재촉하기 바쁘다.

Scene 2　같은 시각, 서울 근교에 위치한 '골든 실버타운'에서는 유명화가 작품들을 대상으로 한 경매가 한창이다. 65세 김갑근씨가 평소에 소장하고 싶었던 A작품이 나오자 손을 번쩍 들었다. 이에 경쟁자인 70세 이상수씨도 김모씨의 뒤를 이어 손을 들어 경매가를 더 높였다. 김씨와 이씨의 치열한 경쟁으로 A작품의 가격은 1억원으로 뛰어올랐다. 승부는 결국 김씨가 1억2,000만원을 제시함으로써 끝났다.

영화의 한 장면이 아니다. 젊음의 거리 명동에 노인들이 넘실대며 더 싼 실버용품을 구매하기 위해 활보하는 모습, 2100년의 현실이다. 반면 젊어서부터 노후자금을 차근차근 준비한 노인들은 힘들게 발품을 팔지 않아도 실버타운에서 여유로운 여생을 보내게 될 것이다.

우리나라는 2000년에 이미 총인구 중 65세 인구의 고령인구비중이 7%를 초과해 '고령화 사회'에 진입했다. 30년 후인 2030년에는 어떻게 될까. 저출산과 의학발달로 인해 평균수명이 지속적으로 증가한다면 고령인구비중은 총인구(4,932만9,000명)의 24.1%(1,189만9,000명)에 해당될 것이라고 통계청은 전망하고 있다. 그렇다면 2100년 노인인구비중은 전체 인구에서 얼마나 차지하게 될까. 2000년(7.2%) 이후 노인인구의 증가속도는 가속도가 붙기 시작해 4년간 약 4%씩 늘어날 것으로 예상되고 있다. 2100년 노인인구비중은 결국 90%에 육박하게 될 것으로 추정된다. 명동 거리에 젊은이가 사라지게 될 것이라는 것을 쉽게 예상할 수 있다.

[인구 및 고령화 전망 추이]

	2000년	2005년	2010년	2020년	2030년	2050년
총인구(천명)	47,008	48,138	48,875	49,326	48,635	42,343
유년인구비중(%)	21.1	19.2	16.2	12.4	11.4	8.9
고령인구비중(%)	7.2	9.1	11.0	15.6	24.3	38.2

주 : 유년인구는 15세 미만 인구, 고령인구는 65세 이상 인구
자료 : 통계청, 장래인구추계 결과, 2006.11

의학발달로 인한 평균수명 증가는 노인인구가 늘어나는 데 한몫하고 있다. 통계청은 오는 2050년 우리나라 사람들의 평균수명을 83.3세로 예상하고 있다. 2005년에 비해 5.4세가 늘어나는 셈이다. 이 기간동안 의학이 더욱 발달해 우리나라 성인남녀 사망률 1위인 암 등이 어느 정도 치유할 수 있게 된다면 평균수명 100세 시대는 시간 문제가 된다.

평균수명 증가와 함께 장수리스크를 부추기는 또 다른 요인은 저출

산이다. 우리나라 여성들의 합계출산율(15~49세 임신 가능한 여성이 평생 동안 낳을 수 있는 평균 신생아수)은 2006년 현재 1.13명이다. 이는 현재의 인구를 유지하기 위해 필요한 최소한의 출산율(2.01명)을 밑돌고 있다. 이는 일본(1.32명), 이탈리아(1.35명), 프랑스(1.98명), 영국(1.80명), 독일(1.34명), 미국(2.05명) 등 다른 OECD 국가들과 비교하더라도 가장 낮은 수준이다. 어느 신문에서는 출산율이 계속 떨어진다면 향후 몇 백년 후에는 우리나라 인구가 지구상에서 사라지게 될 것이라고 경고한 바 있다. 특히 보건복지부의 한 관료는 '저출산이 핵폭탄보다 더 무섭다'라고 표현하기도 했다. 이는 어찌보면 지나친 과장인 것처럼 보이지만 그냥 지나칠 수도 없는 노릇이다.

평균수명 100세 시대에 산다고 해서 우리 모두가 행복해질 수는 없다. 노인이 많은 사회에서는 자녀의 도움을 바랄 수 없을 뿐만 아니라 특별한 노후준비를 하지 않는다면 은퇴 이후 약 40~50년 동안을 은둔에 가까운 삶을 살아야 한다. 실제로 통계청이 발표한 '2005 인구주택총조사 100세 이상 고령자조사결과'에 따르면 100세 이상 고령자(446명) 중 106명(23.8%)이 '편안히, 빨리 죽는 것'이라고 답해 무료한 삶을 회피하려는 경향을 보였다. 반면 '골든 실버타운'에서 풍요로운 노후를 보내는 노인이라면 빨리 죽고 싶다는 생각은 갖지 않을 것이다.

그렇다면 대부분의 사람들이 은퇴 이후 삶에 대한 충분한 경제적 준비를 하고 있을까. 안타깝게도 그렇지 못하다. 대한상공회의소가 직장인 1,000명을 대상으로 '노후자금 준비여부'에 대해 물은 결과, 450명이 '노후자금을 준비하지 않고 있다'고 응답했다. 장수리스크에 대한 대비책이 없다면 이들 역시 노인이 되었을 때 '빨리 죽고 싶다'는 비참한 현실에 직면하고 말 것이다.

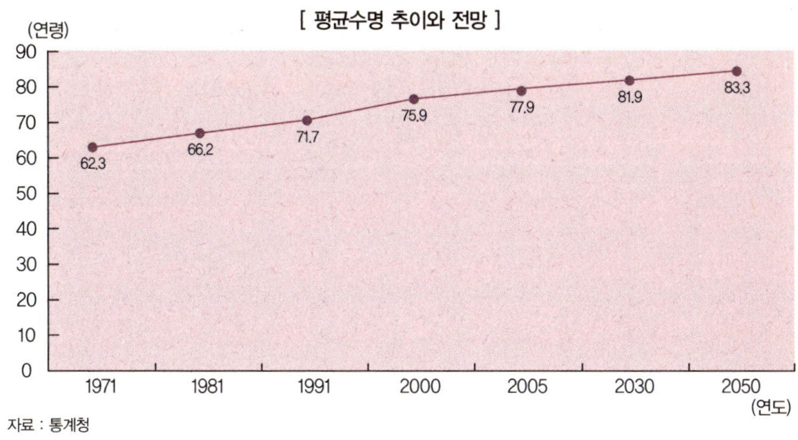

▮ 노후 위협하는 조기은퇴

외환위기 이후 많은 가장들이 직장을 잃은 바 있다. 직장을 하루아침에 못다니게 된 실직 가장들은 가족들의 눈치에 못이겨 양복을 입은 채 아침 출근시간에 산으로 갔다. 실직 가장들이 얼마나 많았으면 그 당시 가장 유망한 사업이 실직 가장들을 대상으로 등산복과 등산화를 대여해주는 점포라는 우스갯소리가 있을 정도였다. 물론 이 당시의 실직은 본인이 원하지 않은 상황에서 이루어졌기 때문에 많은 가정이 경제적으로 큰 상처를 입었다.

문제는 외환위기 이후 퇴직연령이 점점 빨라지는 '조기퇴직'의 공포다. 오죽했으면 '사오정'이나 '오륙도'라는 신조어가 만들어졌겠는가. 조기퇴직이란 말 그대로 평균퇴직연령을 채우지 못하고 다른 사람들보다 좀더 일찍 회사를 그만두는 것이다. 하지만 준비되지 않은 가장의 조기퇴직은 한 가정의 경제력에 치명적일 수밖에 없다. 그렇다면 우리나라 직장인들의 실제 은퇴연령(소득이 있는 일을 하지 않게 되는 연령)은 어떻게 될까. 우리나라 직장인의 은퇴연령은 세계에서 가장 낮은 추세를 보이고 있다. HSBC가 우리나라의 300명 이상 사업장을 대상으로 조사(Future of Retirement Research 2005)한 결과, 우리나라 남성 직장인들은 은퇴 희망연령보다 4~6년 정도 빠른 평균 57.4세에 은퇴하고 있는 것으로 나타났다.

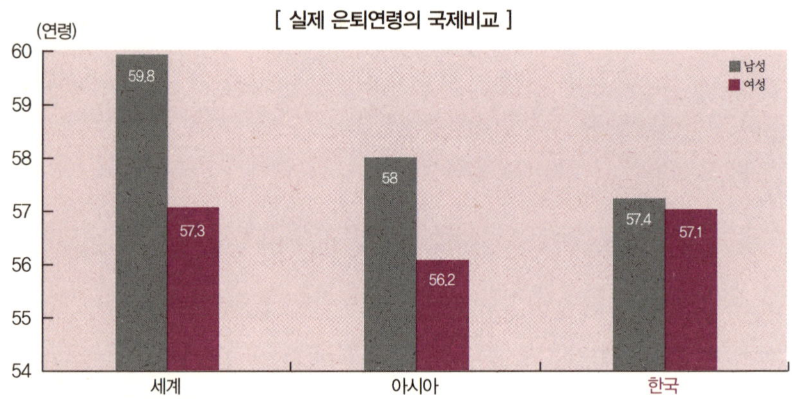

자료 : HSBC Future of Retirement Research 2005

　반면 세계 평균 은퇴연령은 59.8세이며 아시아 평균은 58세에 이른다. 우리나라 남성의 은퇴연령이 세계 평균과 아시아 평균에 못미치고 있는 것이다. 이같은 빠른 은퇴연령은 어떤 결과를 초래하게 될까. 이는 우리나라의 월급쟁이가 평생 직장생활을 하면서 받는 봉급으로 얼마만큼의 은퇴자금을 마련할 수 있을지를 살펴보면 쉽게 알 수 있다.

　노동부에 따르면 2006년 근로자의 월평균 임금은 254만원으로 전년대비 5.7% 올랐다. 여기에 소비자물가지수(2.2%)를 감안한 실질임금은

248만원이다. 이를 근거로 임금상승률을 연 6%로 가정할 경우 연봉 3,000만원을 받는 30세 직장인이 55세까지 26년간 직장생활을 했을 때 벌 수 있는 임금총액은 17억7,469만원이다. 여기에 물가상승률 4%를 감안한다면 실질임금 총액은 11억5,659만원이 된다. 이 금액에서 매월 생활비 200만원을 기준으로 26년간 총 기초생활비는 무려 5억 2,000만원이 든다. 자녀 학자금도 빼놓을 수 없다. 대학 4학년을 다 마칠 때까지 들어가는 학자금은 자녀 한 명당 총 1억원이 넘는다. 자녀가 두 명이면 학자금만 2억원을 훌쩍 넘게 된다. 본인의 주택 마련과 자녀의 결혼비용까지 감안하면 26년간의 직장생활을 마친 후에는 통장 잔고가 '0원'이 되어 있을 게 뻔하다. 이렇게 되면 자녀에게 손을 내밀어야 하는데 그마저도 쉽지 않을 것이다. 이런 상황이야말로 비극적인 노후를 향해 브레이크 없는 자동차를 타고 달리는 거나 마찬가지다.

[연봉 3,000만원 직장인의 임금총액 추정치] (단위 : 원)

나이	경과연수	명목임금	실질임금
30	1	30,000,000	30,000,000
36	7	42,555,573	35,821,569
40	11	53,725,431	40,317,491
45	16	71,896,746	46,739,022
50	21	96,214,064	54,183,337
55	26	128,756,122	62,813,338
임금총액		1,774,691,481	1,156,591,268

주: 1) 임금상승률 연6%, 물가상승률 연4% 가정
   2) 실질임금은 물가상승률을 감안한 임금

2 은퇴 준비를 방해하는 공공의 적

▌ 은퇴 준비의 최대 걸림돌 '자녀'

'자식 이기는 부모 없다' 라는 속담이 있다. 우리나라 부모들의 자식 사랑을 표현한 말이다. 그만큼 우리나라 부모는 자식에 대해 강한 애착을 갖고 있다. 이렇게 지극정성으로 키운 자식이 노부모의 노후를 책임져 줄 수 있을까. 결론부터 말하자면 곧 다가올 고령사회에서는 불가능한 일이다.

하지만 은퇴자금 마련의 최대적이 바로 '자식' 이라고 하면 다들 동의는 하지만 현실적으로 쉽게 받아들이려 하지 않는다. 우리나라 부모에게는 자식이 곧 삶의 원동력이요, 희망이기 때문이다. 하지만 평균수명 100세 시대에 이같은 생각은 아주 위험하다.

통계청에 따르면 우리나라의 노령화지수(0~14세 인구 100명당 65세 이상의 비율)는 2050년 429로 세계 평균(82)의 5배에 이르면서 전 세계적으로 가장 높을 것으로 전망된다. 노년부양비(15~64세 인구 100명당 65세 인구 비율) 역시 2005년 13에서 2050년 72로 상승해 전 세계 평균(25)은 물론 유럽국가 평균(48)에 비해서도 월등히 높을 것으로 추정된

다. 따라서 노인들을 부양할 젊은이들이 줄어들면서 노인에 대한 복지
는 사회적으로 크게 악화될 것이 뻔하다.

하지만 현재 학부모들은 이런 사실을 알면서도 자식들 뒷바라지에
막대한 돈을 쏟아붓고 있다. 보건복지부와 한국보건사회연구원이 우리
나라 20~44세 기혼여성 6,472명을 대상으로 조사·발표한 '저출산 실
태조사 및 종합대책 연구보고서'에 따르면 자녀가 한 명일 경우 생활비
의 24%를 지출하고 있는 것으로 나타났다.

자녀 두 명은 59%, 자녀가 세 명일 경우 생활비의 64%를 지출해 자
녀가 두 명 이상일 경우 생활비의 절반 이상이 교육비로 나가는 것으
로 조사됐다. 또 사교육비로 자녀 한 명일 경우 평균 30만5,000원, 자
녀 두 명 62만3,000원, 자녀 세 명 74만9,000원을 지출하는 것으로 나
타났다. 특히 물가상승률을 추월해 상승하고 있는 사립대 등록금 인상
률은 은퇴 준비의 최대 걸림돌이다. 소득이 가장 많은 40~50대에 대학
생 자녀를 둔 가정이 등록금을 지출하고 나면 당연히 은퇴자금 마련에
대한 여력은 떨어질 수밖에 없다.

실제로 2000년 이후 6년간 평균 물가상승률은 21.4%였지만 같은 기
간 등록금 인상률은 45.3%나 됐다. 지난 6년간 전국 사립대학의 평균
등록금 인상률이 물가상승률의 두 배 이상인 셈이다. 결코 만만치 않은
부담이다.

상황이 이렇다보니 우리나라 가정의 43.2%가 재테크 감소의 이유로
교육비 부담을 꼽고 있다(대한상공회의소 직장인 설문조사, 2006.8). 갈수
록 높아지는 교육비 부담 때문에 노후 준비는 점점 뒤로 밀려난다고 봐
도 무리가 아니다. 그렇다고 자녀교육을 소홀히 할 수는 없다. 따라서
어린이펀드 등 투자상품을 이용해 합리적인 교육비 마련을 위한 투자

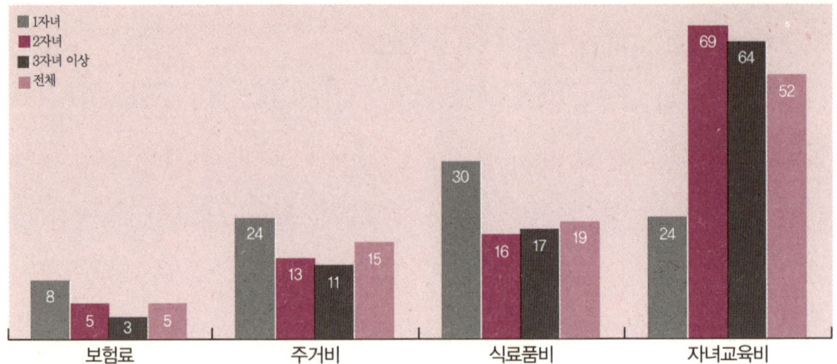

자료 : 보건복지부, 한국보건사회연구원 2006
주) 조사대상 : 20~44세 기혼여성 6,472명

[최근 6년간 주요 교육비 증가율 및 물가상승률]

구분(%)	2001년	2002년	2003년	2004년	2005년	2006년	평균
대입학원비 상승률	6.1	5.9	7.8	4.7	5.5	7.4	6.2
사립대 등록금 인상률	5.9	6.4	7.2	6.5	4.9	6.5	6.3
물가상승률	4.1	2.8	3.5	3.6	2.8	2.2	3.2

자료 : Bloomberg, 통계청, 한국은행, 굿모닝신한증권
* 1) 교육비는 납입금, 교재비, 보충수업비, 문구류를 합산하여 산정
 2) 대입학원비와 사립대 납입금은 매년 3월 기준 전년동기비 수치임

계획을 철저히 세워야 한다. [교육비 마련 사례는 '제5장 연령대별 은
퇴설계' 참고]

은퇴하면 어디에 돈이 가장 많이 나갈까

은퇴하면 어디에 돈이 가장 많이 나갈까? 많이 사람들이 고민하는 부분이다. 2007년 7월 하나은행과 한국갤럽이 공동으로 35~49세의 '예비은퇴자' 1,001명과 50세 이상 은퇴자 200명을 면접 조사한 결과를 보면 식료품비 비중이 30.5%로 가장 높았다. 역시 먹고 사는 문제가 가장 중요하다는 것을 보여준다. 그 다음으로 경조사비가 23.8%를 차지했다. 이는 은퇴 이후에는 연령이 높아지므로 지인들의 자녀 결혼 또는 사망 등이 증가될 것으로 예상했기 때문일 것으로 추정된다. 관심있게 볼 항목은 자녀교육비이다. 예비은퇴자는 은퇴 후 자녀교육비로 3.4%를 지출할 것으로 예상했지만 실제 은퇴자들은 자녀교육비로 총 소득의 8.5%를 쓰고 있다. 특히 예비은퇴자들은 은퇴자금을 모으는 데 가장 발목을 잡는 요인으로 자녀교육비를 지목했다. 실제로 예비은퇴자의 62%가 교육비 때문에 은퇴 준비를 제대로 못한다고 대답했다. 그럼에도 불구하고 예비은퇴자 73%는 '은퇴자금을 마련하겠다고 자녀양육비를 줄일 생각은 없다'고 답했다. 우리나라 부모들은 미래의 투자수익을 예측할 수 없는 '자식투자'에 열을 올리고 있는 셈이다. 물론 금전적 보상을 바라고 자녀를 교육하면 안 되겠지만 교육비는 월 소득대비 적정수준으로 지출하는 것이 노후를 위한 현명한 선택이다.

예비은퇴자의 생각(%)	항목	은퇴자의 현실
7.0	주거비	9.4
30.5	식료품비	29.2
16.2	문화생활비	14.2
3.4	자녀교육비	8.5
19.2	세금 등 각종 비용	21.7
23.8	경조사비	17.0

자료 : 하나은행 · 한국갤럽(2007.7)

노후자금을 갉아먹는 '부동산'

　은퇴 후 노후자금은 필요할 때 바로 쓸 수 있는 유동성이 높아야 한다. 하지만 우리나라 가계 자산의 대부분은 부동산, 즉 거주주택에 몰려 있다. 유동화가 쉽지 않은 주택에 전체 가계금융자산의 80% 이상이 몰려있다는 것은 현금이 필요한 노후에 심각한 현금 부족현상을 불러일으킬 수 있다.

　한국은행이 한국노동패널 4~7년차 자료를 이용해 우리나라 가계의 자산 보유현황을 분석한 결과, 실물자산(주택 등 소유부동산 시가 및 임대보증금)의 비중은 2001년 87.7%에서 2004년에는 90.1%로 증가한 것으로 나타났다. 반면 금융자산(은행예금, 주식·채권·신탁, 저축성보험)의 비중은 같은 기간 12.3%에서 9.9%로 하락했다. 이는 금융산업이 고도화되고 금융제도가 발전할수록 금융자산의 비중이 높아지는 것이 일반적인 현상인 점을 감안할 때 다소 이례적인 것으로, 그만큼 부동산 등 실물자산에 대한 수요가 커졌음을 의미한다.

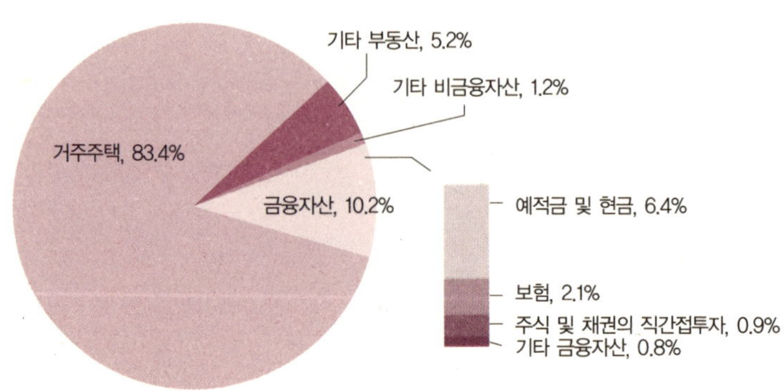

[가계의 자산별 구성비율]

자료 : 대한상공회의소

대한상공회의소가 2006년 전국 7개 도시 700가구를 대상으로 조사한 자료에서도 가계자산 중 부동산 비중, 특히 거주주택이 83.4%를 차지하고 있는 반면 금융자산은 10%에 불과한 것으로 나타났다. 이는 비금융자산의 비중이 64.3%(거주주택 50.3%)에 달하는 미국 가계자산과 비교할 때 유동성이 매우 취약한 자산구성비이다.〈 FRB, 'Recent Changes in U.S. Family Finances', Federal Reserve Bulletin, vol. 92, 2006. 2 〉

그렇다면 집은 왜 유동화가 쉽지 않을까. 첫 번째 이유는 집은 투자를 목적으로 하지 않는 한 은퇴 후 팔 수가 없다. 다시 말해 역모기지론(주택을 담보로 한 연금)을 이용한다거나 집을 팔아 요양시설에 입소할 경우를 제외하고서는 내 집에서 남은 인생을 보내야 하기 때문이다. 두 번째는 가격하락 위험이다. 현재 5억원의 집을 사기 위해 2억원(연대출금리 6.7%, 20년 상환)의 대출을 받는다면 매년 이자로만 1,300여 만원을 내야 한다. 중도상환을 감안하더라도 이자비용은 만만치 않다. 여기에 매년 3.2%(2001~2006년 평균)씩 오르는 물가상승률까지 감안하면 적자 가계를 면하기 어려울 것이다. 어렵사리 적자 가계를 벗어날 때(20년 후)쯤이면 집값이 대출받은 금액보다 더 많이 올라야(레버리지 효과) 기회비용을 만회할 수 있지만 그렇지 못할 수도 있다. 초고령사회에 진입할 경우 주택을 매수할 수요계층이 적어지면서 집값이 오르지 않을 수 있기 때문이다. 즉, 앞으로 몇 년간은 주택수요가 꾸준히 발생해 집값이 오를 것으로 예상해 무리한 대출을 받아 집을 산다면 낭패를 볼 수밖에 없다.

예를 들어 두 명의 자녀와 부인과 함께 현재 3억원의 아파트에 살고 있는 홍길동씨(35세)가 5억원짜리 아파트로 이사하기 위해 필요한 돈

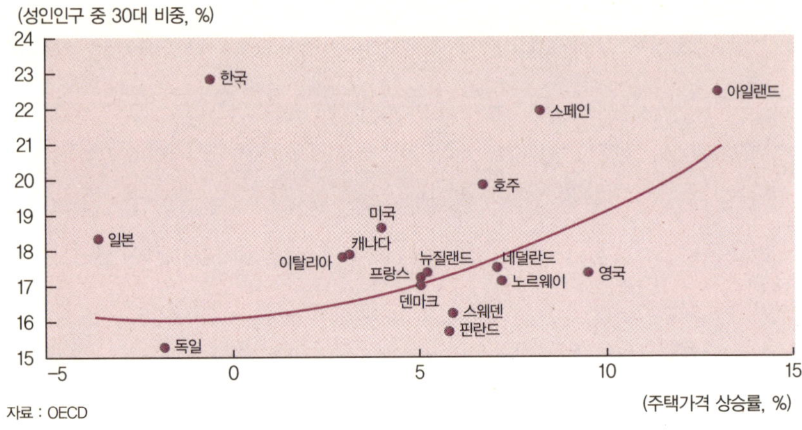

은 2억원이다. 월 400만원을 받고 있는 홍씨가 은행 주택담보대출을 이용해 2억원(20년 상환, 대출금리 6.7%, 36개월 거치 후 원리금균등상환)을 받았다고 하면 홍씨는 36개월간 1,116만원의 이자를 낸 후 4년째부터 원금을 포함해 16년간 164만원 정도를 갚아야 한다. 홍씨가 55세에 정년퇴직한다고 가정했을 때 정년퇴직 직전까지 주택담보대출 상환에 대한 구속에서 벗어나기 힘들다. 홍씨의 급여가 매년 6%(가정치)씩 상승한다고 하더라도 164만원은 가계에 적지 않은 부담을 준다. 특히 갈수록 커가는 자녀의 교육비를 충당하려면 노후자금 마련을 위한 별도의 저축이나 투자는 생각하지도 못할 일이다. 이런 가계적자를 20년 후 털어낸다고 하더라도 홍씨의 노후생활은 행복할까? 결코 그렇지 못할 것이다.

소득 수준을 고려한 계획 없이 무리하게 주택을 마련했을 때 따르는 위험은 또 있다. 바로 주택가격 하락 위험이다. 이는 선진국의 예를 보면 쉽게 이해할 수 있다. OECD가 발표한 '인구와 주택가격의 관계'를 살펴보면 주택수요인구 감소가 주택가격 하락의 원인이 됨을 쉽게 알수 있다. 영국과 스페인은 1990년대 중반 이후 이민자가 증가하면서 주택수요를 자극했으며 아일랜드·스페인·호주 등은 같은 기간 동안 30대 인구비중이 크게 상승해 주택가격을 끌어올렸다. 반면 고령사회에 가장 먼저 진입한 독일과 일본은 30대 인구 비중이 감소하면서 주택가격이 하락하는 현상을 보였다.

한국개발연구원에 따르면 인구변화를 기초로 실질소득과 주거비용 등을 감안한 장기주택수요 추정 결과, 우리나라 역시 2025년부터 주택수요가 감소할 것으로 예상된다. 2010년까지는 주택수요 증가율이 15% 이하로, 2011년부터는 1% 미만으로 둔화되고 2025년부터 오히려 주택수요가 감소할 것으로 전망되고 있다. 물론 이것은 추정치이지만 인구 감소와 고령화가 진행되면서 장기적으로 주택수요는 감소할 수밖에 없다. 다만 주택수요의 감소는 인구 감소의 속도에 비해 빠르지 않기 때문에 주택시장의 영향은 점진적으로 나타날 것으로 예상된다.

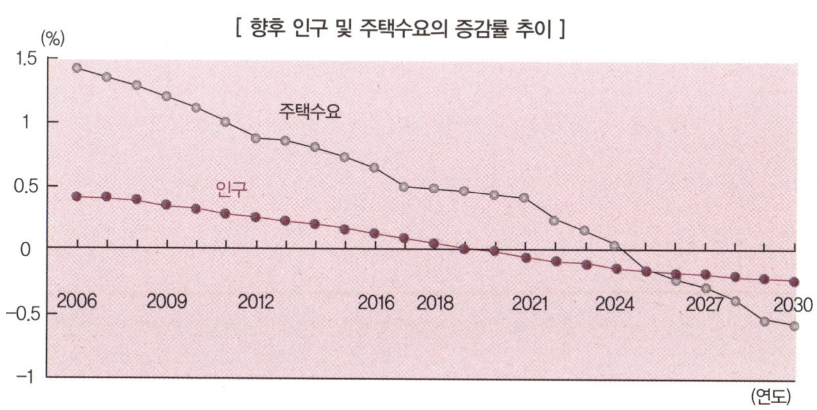

주 : 1)인구는 통계청 '장래인구추계결과', 2006
2)주택수요는 차문중 '주택시장의 분석과 정책과제 연구', 한국개발연구원 자료 기준

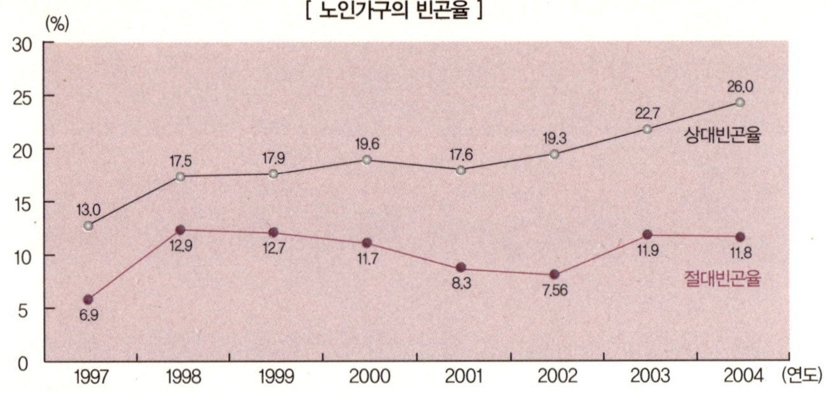

인구는 2018년 꼭지점을 찍고 이후부터 하락세로 돌아서지만 주택수요의 경우 2025년에 이르러서야 감소할 것으로 전망되기 때문이다. 따라서 현재 30대가 부동산 자산만을 고집해 전체 자산의 70% 이상을 은퇴 이후까지 가져갈 경우 황혼기에 아주 곤란한 상황에 처하게 될 것이다.

[우리나라 노인 3명 중 1명은 절대빈곤]

우리 사회에서 노인문제는 심각한 수준이다. 간혹 TV에서 방송되는 불우한 노인들은 빙산에 일각에 지나지 않는다. 이는 통계치에서도 잘 나타나 있다. 보건복지부에 따르면 우리나라에서 최저생계비 미만으로 생활하고 있는 절대적 빈곤인구는 전체 인구의 5.7%에 이른다. 전체 인구의 평균소득에도 못미치는 상대적 빈곤인구는 12.2%이나 된다. 이중 절대빈곤에 처한 미성년자들은 9.3%(아동 절대빈곤율)로서 96년 3.6%에 비해 8년 만에 2.5배나 증가했다. 아동들뿐만 아니라 노인들의 빈곤도 심각하다. 한국보건사회연구원에 따르면 노인의 절대빈곤율은 11.8%(2004년 기준)에 이른다. 우리나라 노인들의 1/3, 즉 3명 중 1명은 절대빈곤에 처해 있는 것이다. 이러한 현상은 노인가구원이 다른 연령층의 가구원에 비해 신체적 여건이 급격히 저하되어 수입이 줄어든데다 높은 연령으로 질병이 많이 발생함에 따라 지출이 더 많아지는 경향이 있기 때문이다. 노인인구 비율이 급격히 늘어나고 있는 상황에서 노인의 절대빈곤율도 동시에 상승되지 않을까 우려되는 대목이다.

50대 이상 인구의 파산비율도 지속적으로 증가하고 있다. 대법원에 따르면 50~60대의 파산비율은 2005년 23.1%로 20%대를 넘어선 이후 2006년 8월 말 현재 33.8%로 급증했다. 특히 60대 이상의 고령자 파산은 2004년 6.3%, 2005년 9.7%, 2006년 8월 말 현재 11.5%로 증가해 고령자의 가계생활이 심각한 수준에 이른 것으로 나타났다. 법원은 '병원비 지출로 인한 파산비율'이 2004년 1.3%, 2005년 3.2%, 2006년 8월 6.8%로 증가하고 있다고 밝혀 뚜렷한 노후대책이 없는 고령자들이 의료비 지출을 감당할 수 없어 파산에까지 이른 것으로 파악된다.

실제로 한국개발연구원의 '고령화사회 대비 협동연구'에 따르면 전국 2,516개의 노인가구를 대상으로 조사한 결과, 노인 단독가구의 59.8%가 최저생계비 미만의 소득으로 겨우 생활을 꾸려나가는 것으로 확인됐다. 가구 형태별 평균 소득수준을 살펴보면 노인 단독가구가 41만원, 자녀동거 가구는 202만원으로 큰 차이를 보였다. 특히 소득 항목별 소득 유무를 조사한 결과에서는 근로소득, 재산소득, 금융소득 등

[노인가구 형태별 최저생계비 미만 소득가구 비중]

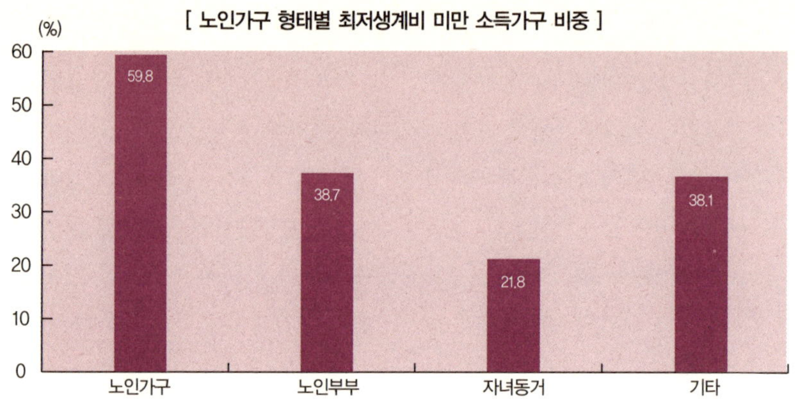

자료 : 한국개발연구원, '고령화사회 대비 협동연구'

대부분의 항목에서 소득이 없다는 답변이 80% 이상을 차지하는 것으로 나타났다. 사실상 대부분의 노인의 경우 주체적인 소득원이 전무한 상황인 것이다.

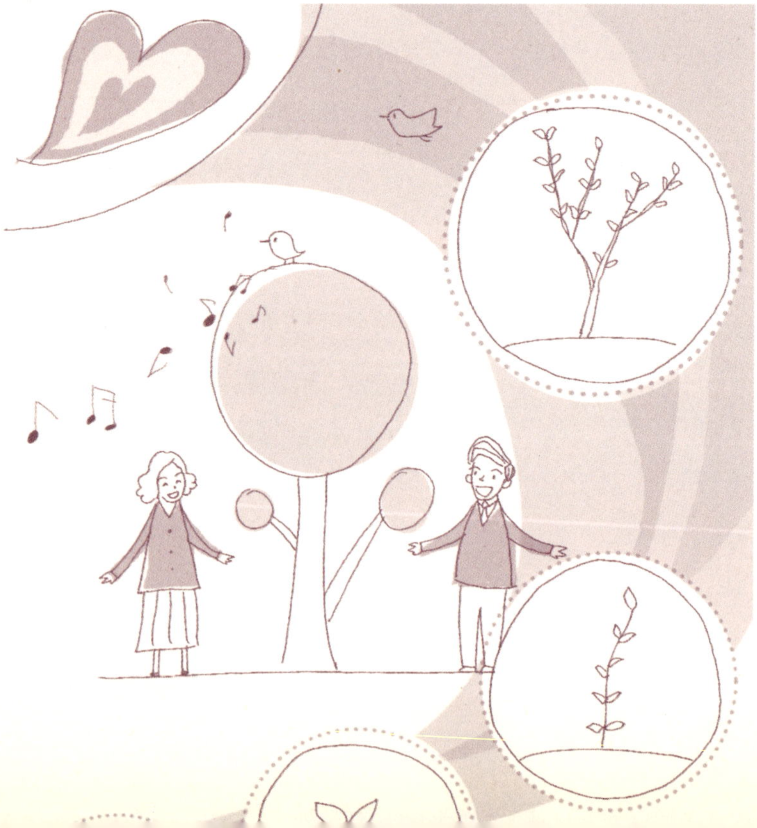

노후에 꼭 하지 말아야 할 일들

1. 자식에게 재산을 모두 맡기고 생활비를 타 쓰는 것

2. 남편 사망 후 홀로 생존하는 부인의 노후생활을 미리 준비하지 않는 것

3. 노후에 모든 사회생활을 중단하고 집에서만 지내는 것

4. 말로만 자식에게 의존하지 않는다고 큰소리를 치면서 노후생활을 구체적으로 설계하지 않는 것

5. 자녀에게 사교육비를 엄청나게 지출하면서 노후준비를 미루는 것
   (자녀가 교육을 마치면 노후를 준비하겠다고 생각하는 것)

6. 자녀가 출세하면 노후생활이 편안해질 것이라고 기대하는 것

7. 어떻게 되겠지라고 포기하거나 방임하는 자세를 가지는 것

8. 내 자식만은 다를 것이라고 자식에게 맹목적으로 의존하는 것

9. 노후에 목돈을 굴리는 것

10. 생활비만 준비하고 의료비를 준비하지 못해 결국 자식들에게 의존하게 되는 것

풍요로운 은퇴를 향한 항해

은퇴생활을 준비하는 데 있어서 경제적 준비도 중요하지만 노후생활을 알차게 보내기 위한 종교활동, 취미생활 등 비재무적인 요소도 충분히 준비해야 한다.

Rich Life Plan

2장

<h1>1 은퇴는 '경제적 사건'이
아닌 '인생 사건'</h1>

급격한 고령화와 빠른 은퇴로 인해 최근 은퇴설계에 대한 관심이 부쩍 늘었다. 다만 어떻게 은퇴설계를 해야 하는지, 만약 하게 된다면 매월 얼마씩 어떤 금융상품에 투자해야 하는지 등에 대해서는 금융회사마다, 전문가들마다 각기 다른 목소리를 내고 있다. 이 때문에 은퇴설계는 어느 정도 소득이 있는 사람들이나 하는 것으로 치부된다. 하지만 은퇴설계는 누구에게나 필요한 '음식'과 같다. 따라서 은퇴설계의 필요성에 대한 인식 확산과 실제 설계에 대한 보편적인 방식이 적용되어야만 한다.

우선 은퇴를 퇴직과 혼동해서는 안된다. '퇴직(退職)'은 현재 일자리에서 일을 그만둔 의미로 해석되지만 '은퇴(隱退)'의 사전적 의미는 잠정적으로 생산적인 활동에서 손을 떼고 한가히 지냄을 뜻한다. 따라서 은퇴설계(Retirement Planning)는 은퇴 후 특별한 근로소득이 없는 은퇴 이후의 생활을 위해 필요한 자금과 각종 건강보험과 같은 장치를 마련하기 위한 계획을 수립하는 기능을 제공한다고 볼 수 있다.

그렇다면 은퇴는 단순히 경제적인 위기에서 벗어나기 위한 대비책을 세우는 것으로 끝일까. 그렇지만은 않다. 은퇴는 '경제적 사건'이 아니라 '인생 사건'이기 때문이다. 우리가 흔히 재무설계를 할 때 라이프 사이클을 고려하듯이 은퇴설계에서는 은퇴 후 삶에 대해서도 진지하게 고민해보아야 한다.

전원생활을 꿈꾸는 사람이 은퇴를 단순히 경제적 사건으로 생각하게 될 경우 실제 은퇴 후 전원생활은 풀 한 포기 나지 않는 황무지에서 살게 되는 것이나 마찬가지이다. 즉 전원생활을 위한 지역, 전원주택부지, 텃밭 일구는 것과 같은 하루 일과 등 전원생활에 필요한 여러 가지 정보를 바탕으로 전원생활을 준비해야 한다. 도시생활에 익숙한 사람이 무턱대고 은퇴 후 전원생활을 하게 된다면 얼마 버티지 못해 다시 도시로 되돌아갈 것이 뻔하다.

은퇴는 더 이상 경제적 활동을 하지 않고 사망할 때까지 젊어서 해보지 못했던 일을 하게 되는 인생의 또 다른 기회이기도 하다. 노후를 인생의 제2막이라고 일컫는 것도 이러한 이유 때문이다. 따라서 은퇴생활을 준비하는 데 있어서 경제적 준비도 중요하지만 노후생활을 알차게 보내기 위한 종교활동, 취미생활 등 비재무적인 요소도 충분히 준비해야 한다.

은퇴의 어원

'은퇴(Retirement)'라는 단어는 1920년대에 들어 'management science', 즉 경영학이 생기면서 생겨났다. 경영학에서 연구해본 결과, 고령인구는 생산성이 떨어지고 창의력도 부족함이 발견되었다. 특히 젊은 인구가 1차 대전의 영웅으로 떠오르면서 그들에 대한 사회적인 배려가 생기고 이 전쟁에서 돌아온 영웅들에게 줄 일자리가 부족하자 미국의 루즈벨트 대통령은 이들을 위해 은퇴라는 시스템을 만들게 됐다. 이같이 은퇴라는 단어는 고령인구를 생산현장에서 쫓아내고 젊은 일꾼들에게 일거리를 만들어 주기 위한 경영학에서 나온 것이다. 세계 1차 대전 직후 은퇴라는 단어를 사전에서 찾으면 '사라지다, 멀리가다, 퇴각하다(disappear, go away, withdraw)'로만 적혀 있었다. 그러나 최근에는 '일을 그만 두다'라는 말이 더 붙게 됐다. 따라서 미국 등 선진국에서의 은퇴설계는 오랜 기간을 거쳐 체계화되어 왔다. 인생에서 고정적인 수입이 발생되는 시점부터 은퇴설계를 통해 노후준비를 하고 있는 것이다.

2 은퇴자금 얼마나 필요할까

은퇴생활은 누구에게나 풍요로운 삶을 약속하지 않는다. 이솝우화 중 '개미와 배짱이' 이야기는 우리에게 시사하는 바가 크다. 우화에서 뜨거운 여름에 구슬땀을 흘려가며 매일 열심히 일한 개미는 식량이 귀해진 겨울이 되어 풍족한 삶을 살게 된다. 반면 햇볕을 피해 그늘에서 일하지 않고 놀기만 했던 배짱이는 겨울 내내 굶주리게 된다. 은퇴생활도 '개미와 배짱이' 우화와 마찬가지다. 소득이 발생하는 젊은 시절에 노후 대비를 하지 않으면 결국 비참한 노후를 맞이하게 된다.

다만 우리는 개미와 같이 겨울만을 보내기 위한 식량을 마련하기 위해 은퇴설계를 해서는 안 된다. 인류는 질병을 치유할 수 있는 의료기술을 끊임없이 발전시킬 수 있는 능력이 있기 때문이다. 따라서 은퇴 후 언제 사망할지에 대한 예측이 불가능하므로 몇 년간 사용할 자금을 모아야 되는지에 대해서도 계산하기 힘들다. 하지만 그동안 인류가 살아가면서 축적해놓은 많은 통계자료를 바탕으로 노후자금을 추정해볼 수 있다. 이를 위해 우선 경제적인 관점에서 삶에 대한 표준치, 즉 여가생활도 하면서 인생을 즐기기 위해서는 매월 얼마나 필요할지에 대한 평균치를 만들어야 한다. 그렇다면 우리가 바라는 은퇴 후 삶은 어떤 모습일까? 사람들에게 '은퇴 후 무엇을 할 것인가요?' 라고 물으면 대부분 '고향에 내려가 텃밭이나 일구며 살죠' 라고 답한다. 이같이 전원생활을 꿈꾸는 현대인들이 체감하고 있는 노후생활비는 얼마나 될까? 대한상공회의소가 직장인들을 대상으로 적정노후자금 규모를 물은 결과, 3~4억원 미만이라는 응답이 가장 많았다. 하지만 이는 아주 근시안적인 대답이다. 앞에서 설명했듯이 우리는 은퇴 이후 얼마나 살지에 대해 확정적으로 말할 수 없다. 결론적으로 이보다는 더 많아야 한다. 매년 상승하는 물가상승률에다 나이가 들어갈수록 고정적으로 지출되는 병원비 등을 감안해야 하기 때문이다.

[노후준비 예상(필요)자금]

자금규모	1억 미만	1억 이상~ 3억 미만	3억 이상~ 4억 미만	4억 이상~ 5억 미만	5억 이상~ 7억 미만	7억 이상
응답비율	2.6%	17.4%	30.0%	14.8%	17.8%	17.4%

자료 : 대한상공회의소, '직장인 노후대책에 관한 실태조사' 2006.8

그렇다면 은퇴 후 필요한 노후자금은 얼마나 있어야 할까. 노후자금을 추정하기 위해서는 반드시 ▲은퇴준비기간 동안 모을 수 있는 은퇴자금 ▲은퇴 후 부부생존기간 동안 사용할 노후자금 ▲남편(또는 배우자) 사망 후 홀로 생존하는 기간 동안 사용할 노후자금 ▲남편(또는 배우자) 사망시(간병비용 등 포함) 필요한 의료비용 등을 고려해야 한다.

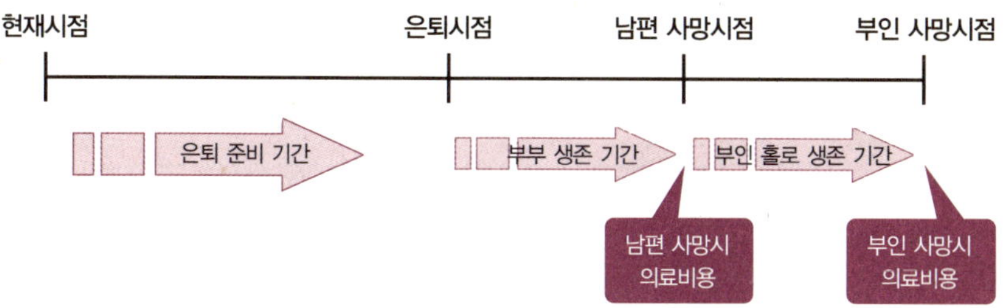

▌부부생존기간 동안 필요한 생활비

은퇴 후 필요한 노후자금을 계산하기 위해서는 가장 먼저 부부가 함께 생존하는 기간 동안 필요한 생활비를 추정해야 한다. 생활비는 기본적인 생계비와 여가생활에 필요한 비용을 합한다. 기본적인 생계비는 의식주 비용과 병원비 등을 말하며 여가생활 비용이란 취미활동이나 여행 등에 필요한 비용을 말한다. 통계청에 따르면 2006년 말 현재 우리나라 전체 도시근로자의 평균생활비(소비지출)는 222만원이고 은퇴 연령에 포함되는 50~59세 이후의 평균생활비도 234만원인 것으로 나타났다.

은퇴 후 매월 어느 정도의 생활비를 사용할 것인가에 대해서는 사람마다 모두 달라서 한마디로 정의하기 어렵다. 다만 재무설계사들은 은퇴 후 생활비에 대해 은퇴 전 생활비의 80% 정도를 사용할 수 있도록 권하고 있다. 따라서 현재 50~59세 연령대가 은퇴 후에는 월평균 187만원 정도의 생활비를 필요로 한다고 볼 수 있다. 또 이를 고려하여 생활수준별 생활비를 감안한다면 대략적으로 기초적인 생활비(매월 150만원 수준), 평균적인 생활비(매월 200만원 수준), 풍요로운 생활비(매월

[연령별 가구당 월평균 가계수지] (단위 : 원)

구분	평균	50~59세
소득	3,443,399	3,789,002
소비지출	2,220,037	2,340,197
식료품	574,180	617,901
주거	78,698	74,036
광열·수도	103,509	107,159
가구집기 가사용품	100,113	77,451
의류 및 신발	119,432	126,828
보건의료	106,840	114,293
교육	255,910	188,133
교양오락	108,609	113,876
교통·통신	393,000	435,817
기타 소비지출	379,749	484,704
비소비지출	464,713	581,818

자료 : 통계청 통계정보시스템(Kosis) '도시가구 수지동향' 2006.12월 기준

250만원 이상) 등으로 나누어 볼 수 있다. 각 생활비 수준별로 주거용 주택의 장소, 취미생활의 정도, 의료비 지출수준 등이 모두 상이하므로 각자의 인생계획에 따라 선택할 수도 있도록 해야 한다.

[은퇴 후 월생활비]

구분	월생활비(2006년 기준)	생활상
기초적인 생활	150만원 수준	병원비, 여가생활 비용을 마련하지 못한 상태이므로 매우 취약한 노후생활 영위
표준적인 생활	200만원 수준	여가생활과 같은 흥미있는 노후생활 준비가 부족하며 거액의 의료비 지출에 취약함
풍요로운 생활	250만원 이상	각자의 생활수준에 따라 다양한 취미활동이 가능한 풍요로운 은퇴생활 추구 가능

일반적으로 부부가 공동으로 생존하는 기간은 남편의 기대수명에 의해 결정된다. 여성은 남성보다 평균적으로 7년 정도 수명이 더 길기 때문이다. 통계청이 발표한 '연령별 기대수명'(2007)에 따르면 현재 40세인 남자들의 평균수명은 약 75.2세이지만 여성들은 81.7세로 남성보다 6.5세 더 수명이 길다. 따라서 부부생존기간은 일반적으로 남편의 기대수명에다가 10살을 너한 기간으로 한다. 이렇게 길게 생존기간을 잡아야 사망하지 않고 더 오래사는 장수리스크에 대비할 수 있다. 즉 생활비 없이 오래 사는 위험이 발생하지 않도록 기대수명을 충분히 길게 예상해야 한다.

▎ 남편 사망시점에 필요한 의료비

은퇴설계를 할 때 가장 많이 무시되는 부분이 남편이 사망할 시점에 필요한 의료비이다. 만약 남편이 암과 같은 심각한 병에 걸려 병원에 입원한다든가, 치매로 요양이 필요하다면 엄청난 의료비가 들어가게 된다. 하지만 은퇴설계시 생활비만 모아두었다면 노후생활에 재정난이 가중될 수 있다. 특히 상당수의 보험이 몇 가지의 병에 대해서만 보장을 해주는 경우가 많고 그 지급금액이 충분하지 못하다. 예를 들어 암에 걸리면 4,000만원을 치료비로 지급하는 암보험에 가입했다고 해자. 이 경우 매년 의료비는 물가상승률보다 높은 증가율을 보이지만 암 발생시 지급하기로 한 보험금은 일정하므로 충분한 보상이 이루어지기 어렵다. 따라서 남편이 사망하기 전 2~3년 동안 필요한 각종 병원비와 간호비용을 따라 마련하는 것이 신중한 은퇴설계가 된다.

남편(또는 배우자) 사별 후 홀로 생존기간 동안 필요한 생활비

성공한 사람들에게 그 비결을 물으면 대부분 "아내가 잘 참고 견디어주었다" "안에서 애들 뒷바라지 해준 아내에게 고맙다" 등 아내에 대해 칭찬한다. 실제로 미국에서 자수성가한 백만장자를 대상으로 조사한 결과에 따르면 대부분이 금전적 성공의 주춧돌로 내조를 잘해준 배우자를 빼놓지 않았다. 인생에 있어서 배우자와 자식만큼 소중한 존재가 없다는 것을 새삼 일깨워주는 것이다. 이같이 평생 같이 산 아내가 자신이 사망한 후 홀로 남게 된다면 얼마나 외롭겠는가. 자식들도 다 커서 이미 시집, 장가가서 늙은 어머니를 부양하기에는 부담스러워 할 것이다. 따라서 은퇴설계를 할 때는 반드시 남편 사망 이후 부인의 생활비와 의료비용에 대해서도 치밀한 준비가 필요하다.

대게 부인은 외롭게 홀로 생활하면서 남편이 생존할 때 부부가 쓰던

홀로 남게 될 배우자를 위한 은퇴준비

1. 부부가 함께 진지하게 부인만의 은퇴설계를 수립해야 한다.
2. 남편 사별 후 약 7년간 홀로 살게 될 부인의 노후생활에 필요한 자금을 준비해야 한다.
3. 부인도 홀로 생활하다가 질병에 걸리거나 노환으로 사망하게 되는 경우에 보험이 필요하다. 따라서 부인의 명의로 된 CI보험, 민영건강보험, 장기간병보험과 같은 노인성 보험에 가입할 필요가 있다.
4. 금전적인 부분뿐만 아니라 종교나 취미생활과 같은 비금전적인 부분도 미리 준비해야 한다.

생활비의 60% 이상을 사용하게 된다. 남편이 받던 국민연금은 유족인 부인에게 유족연금으로 지급되지만 그 금액은 월 30~40만원에 불과하므로 큰 도움이 되지 못한다. 이런 점을 감안한다면 부부가 생존하던 거주용 부동산은 반드시 부인에게 상속될 수 있도록 미리 사전증여를 하거나 부부 공동명의로 변경해둬야 한다. 또한 부인용 변액연금과 같이 부인을 위한 연금재원 마련을 구체적으로 실천해야 한다.

ı 부인 사망시점에 필요한 의료비

여성들은 남자들보다 오래 살지만 그만큼 많은 질병에 시달리게 된다. 여성 고령자들은 치매, 뇌졸중, 당뇨와 같은 노인성 질환에 시달리면서 많은 의료비를 지불하게 된다. 가장 큰 비용은 사망 직전 약 2~3년간 필요한 간병비용이다. 이는 각종 질병과 관련된 특약사항이 많은 보험상품으로는 준비하기 힘든데다가 정부의 노인정책에서 의해서는 최소한의 비용으로 서비스가 제공되므로 이 또한 충분하지 못하다. 따라서 여성들은 다른 사람의 수발이 필요한 상태가 되었을 때 간병비용을 보장받도록 하는 실버보험 가입과 같은 대책을 마련해야 한다.

이상에서 살펴보았듯이 노후자금은 철저한 계획과 절차를 통해 추정되고 계산된다. 특히 노후자금은 '얼마가 있어야 한다' 보다 '얼마 이상 있어야 한다' 로 생각되어야 한다. 말 그대로 많으면 많을수록 좋은 것이 노후자금이다. 따라서 다음과 같은 원칙을 가지고 은퇴자금을 마련해보도록 하자. 첫째, 가능하면 젊을 때부터 시작해야 한다. '시간은 금' 이라는 말처럼 시간은 돈이다. 한 살이라도 젊었을 때부터 투자하게 되면 이자에 이자가 붙는 복리효과를 톡톡히 볼 수 있다. 둘째, 월

소득 중 일부분은 적립식으로 장기간 투자해서 마련하는 방법을 사용하는 것이 바람직하다. 대부분의 급여생활자들은 노후자금을 마련하기가 여간 쉽지 않은 일이다. 따라서 월 급여 중 10만원, 20만원 정도를 매월 적립식투자상품에 투자하는 것이 바람직하다. 특히 펀드형 상품(펀드, 변액유니버셜보험 등)에 적립식 투자로 장기간 투자하면 위험이 줄어들고 기대수익률이 높아지는 효과가 발생한다. 이렇게 매월 차곡차곡 쌓이게 되면 은퇴시점에서 든든한 목돈을 손에 쥘 수 있게 된다. 셋째, 은퇴시점에서 거주용 부동산은 반드시 한 채 보유하고 있어야 한다. 거주용 부동산은 노후자금이 부족할 때 최후의 보루가 될 수 있다. 예를 들어 주택을 담보로 사망시점까지 연금을 받을 수 있는 역모기지론(주택연금)으로 활용할 수 있기 때문이다.

은퇴설계의 실전

은퇴가 빨라지고 있는 현실에서 은퇴시점에서 필요한 은퇴자금을 계산하는 일은 매우 중요하다. 은퇴시점에서 필요한 은퇴자금은 20~30년간의 긴 노후생활을 위한 시드머니(Seed-Money), 즉 종자돈이라고 생각하면 된다.

Rich Life Plan

3장

은퇴설계에도 단계가 있다

❘ 은퇴설계 프로세스

이제부터 본격적으로 은퇴설계를 해보도록 하자. 은퇴설계는 은퇴 후 특별한 근로소득이 없는 은퇴 이후의 생활을 위해 필요한 자금과 각종 건강보험과 같은 보장 장치를 마련하기 위한 계획을 수립하는 기능을 제공한다. 다시 말해 은퇴설계는 '은퇴 이후의 삶을 영위하기 위한 경제활동기의 준비'라고 볼 수 있다. 따라서 노후자금을 마련하기 위해서는 앞장에서 살펴본 ▲은퇴 준비기간 동안 모을 수 있는 은퇴자금 ▲은퇴 후 부부생존기간 동안 사용할 노후자금 ▲남편(또는 배우자) 사망 후 홀로 생존하는 기간 동안 사용할 노후자금 ▲남편(또는 배우자) 사망 시(간병비용 등 포함) 필요한 의료비용 등을 계산하고 이를 준비하기 위한 계획을 수립해야 한다. 이러한 절차 없이 막연한 감으로 노후자금을 추정하고 구체적인 계획 없이 노후자금 마련에 들어가면 은퇴설계는 실패하게 된다. 노후자금 준비는 '어떤 금융상품이 좋다, 나쁘다'를 떠나서 얼마나 오랫동안 꾸준하게 투자해갈 수 있는가가 더 중요하기 때문이다. 따라서 은퇴설계는 은퇴 후 목표를 설정하고 은퇴시기를 결정한 후 은퇴자금 마련계획을 세우는 등 복잡한 과정을 거친다. 이런 과정을 거쳐야 비로서 은퇴 후 돈 걱정 없는 노후생활이 가능하게 된다.

은퇴설계를 위해서는 다음과 같은 7단계 프로세스를 거치게 된다. 우선 은퇴시점에서 필요한 은퇴자금에서 은퇴시점까지 준비할 수 있는 자산규모를 차감하면 은퇴시점에서의 부족액을 계산할 수 있다. 은퇴시점에서의 부족자금이 계산되면 현재부터 매월 투자할 금액을 산출한 후 장기투자에 따른 자산배분전략을 수립해 투자할 상품을 선택하면 된다. 그리고 나서 2~3년을 주기로 노후자금 마련계획이 차질없이 진행되고 있는지 지속적으로 점검하는 과정을 거쳐야 한다.

은퇴설계 7단계 프로세스

단계 1. 은퇴시점에서 필요한 은퇴자금 계산(A)

단계 2. 은퇴시점까지 준비할 수 있는 자산규모(B)

단계 3. 은퇴시점에서의 부족자금 계산 : A – B

단계 4. 은퇴시점의 부족액 마련을 위한 투자액 산출

단계 5. 자산배분전략 수립

단계 6. 투자할 상품선택

단계 7. 은퇴설계 모니터링

▎평생 함께 할 재무설계사를 만나자

노후설계 7단계 프로세스는 전문적인 재무설계의 한 분야이므로 반드시 재무설계사의 도움을 받아야 한다. 평생 함께 할 수 있는 금융주

치의, 즉 재무설계사를 만나기란 쉽지 않다. 특히 자신의 재무정보를 제3자에게 모두 공개한다는 것은 여간 껄끄러운 일이 아닐 수 없다. 하지만 행복한 노후를 위한 은퇴설계를 위해서는 반드시 재무설계사의 도움을 받아야 한다.

　전문적인 재무설계사를 선별하기 위한 가장 손쉬운 방법은 재무설계 관련 자격증을 확인하면 된다. 물론 자격증이 사람을 판단하는 척도는 아니지만 믿고 맡길 수 있다는 점에서 용이한 면이 있다. 최근에는 재무설계를 전문적으로 수행할 수 있도록 한국FP협회에서 주관하는 AFPK(Associate Financial Planner Korea), CFP(Certified Financial Planner) 등과 같은 자격증 시험이 있다. 이 시험을 통과하면 AFPK, CFP의 전문자격증이 주어지며 재무설계를 수행할 수 있다. 한국FP협회가 주관하는 AFPK는 자산배분 이전의 단계까지 수행할 수 있지만 미국FP협회가 주관하는 CFP는 상품선택뿐만 아니라 사후관리까지 가능하다. 따라서 '이왕이면 다홍치마'라는 속담이 있듯이 CFP자격증을 소지한 재무설계사의 도움을 받는 것이 좋다. 최근 은퇴설계의 중요성이 강조되면서 CFP는 각 보험사, 증권사, 은행 등 금융회사에서 만나볼 수 있다. 은퇴설계만을 전문적으로 수행하는 CFP에게 상담을 받기 원한다면 한국재무설계 등과 같은 GA(General Agency)를 방문하면 된다.

좋은 재무설계사 선별법

◆ 고객의 재무목표와 재무상황을 정확하게 파악하는가

◆ 올바른 투자 철학과 소신을 가지고 있는가

◆ 고객의 재무목표에 따른 장기적인 안목을 가지고 있는가

◆ 최신 정보 습득 능력이 있으며 투자 정보에 정확한 답을 제시하는가

◆ 정기적으로 고객의 상황에 대해서 모니터링하고 조정을 해주는가

◆ 고객에게 재무목표에 따른 실현 가능한 최적의 포트폴리오를 제공하는가

◆ 오랫동안 본인의 업무를 지속해왔고 장기적으로도 본인의 직업에 대한 책임감과 자부심이 있는가

◆ AFPK, CFP와 같은 재무설계 전문자격증을 소지하고 있는가

2 은퇴설계 프로세스에 의한 은퇴자금 계산하기

▎1단계 − 은퇴시점에서 필요한 은퇴자금 계산

은퇴가 빨라지고 있는 현실에서 은퇴시점에서 필요한 은퇴자금을 계산하는 일은 매우 중요하다. 은퇴시점에서 필요한 은퇴자금은 20~30년간의 긴 노후생활을 위한 시드머니(Seed-Money), 즉 종자돈이라고 생각하면 된다. 투자자금을 마련할 때 종자돈이 필요하듯이 노후생활을 위한 시드머니는 단기간에 마련되는 것이 아니다. 아주 긴 시간 동안 투자계획을 세워야 노후생활을 위한 종자돈을 마련할 수 있다.

은퇴시점에서 필요한 은퇴자금은 '제2장 풍요로운 은퇴를 향한 항해' 중 '은퇴자금 얼마나 필요할까'에서 살펴본 ▲은퇴 준비기간 동안 모을 수 있는 은퇴자금 ▲은퇴 후 부부생존기간 동안 사용할 노후자금 ▲남편(또는 배우자) 사망 후 홀로 생존하는 기간 동안 사용할 노후자금 ▲남편(또는 배우자) 사망시(간병비용 등 포함) 필요한 의료비용 등을 따져보면 얼마나 필요한지 추정할 수 있다. 하지만 일반인들이 재무설계사의 도움을 받지 않고 이를 계산하기란 쉽지 않은 일이다. 따라서 은퇴자금을 자동으로 계산해주는 금융회사의 사이트를 이용하면 된다.

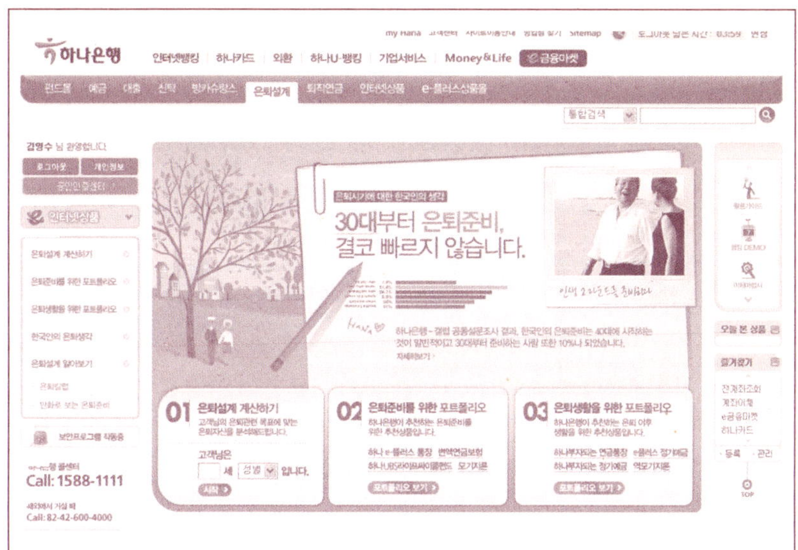

▲ 하나은행(www.hanabank.com) 은퇴설계 시뮬레이션

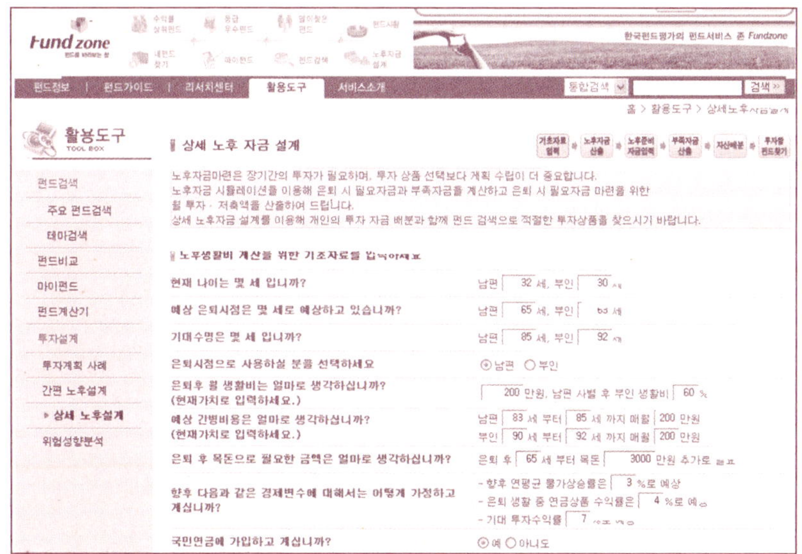

▲ 한국펀드평가(www.fundzone.co.kr) 은퇴설계 시뮬레이션

현재 인터넷 웹 사이트에서 은퇴자금을 계산해볼 수 있도록 하는 시뮬레이션(Simulation)을 제공하는 금융회사로는 하나은행(www.hanabank.com) 등이 있다. 펀드평가사인 한국펀드평가도 자사 홈페이지(www.fundzone.co.kr)에서 은퇴자금을 계산할 수 있다.

⏐ 2단계 − 은퇴시점까지 준비할 수 있는 자산규모

금융회사 또는 재무설계사의 도움을 받아 은퇴시점에서 필요한 은퇴자금을 계산했다면 은퇴시점까지 준비할 수 있는 자산규모를 알아야 한다. 은퇴시점까지 준비할 수 있는 자산규모를 파악해야만 몇 년간 몇 %의 수익률로 운용되는 금융상품에 어떻게 투자할지에 대한 자산배분을 결정할 수 있기 때문이다. 이를 위해 현재 본인의 재산상태를 파악해야 한다. 재산상태 분석은 재무상태표와 현금흐름표를 이용하면 된다. 재무상태표와 현금흐름표를 분석하면 과도한 지출은 없는지, 새는 돈은 없는지 등에 대해 살펴볼 수 있다.

▶ 재무상태 분석

은퇴시점까지 준비할 수 있는 자산규모를 파악하기 위해서는 재무상태에 대한 분석을 먼저 해야 한다. 재무상태표를 작성하기 위해서는 자산과 부채, 수입과 지출 등을 파악해야 한다. 이같은 과정에 대해 재무설계사의 도움을 받는다면 보다 정확한 자신의 재무상태를 파악할 수 있다. 재무상태표에 기재해야 할 항목은 다음과 같다.

재무상태표를 작성하면 다음과 같은 유형으로 재무상태의 특성을 분석할 수 있다.

[재무상태표 작성 항목]

(단위 : 만원)

자산		금액	부채		금액
유동자산	CMA, MMF 등 현금성자산		단기부채	마이너스통장	
	요구불예금			은행대출	
	소계			약관대출	
투자자산				카드론	
	소계			소계	
채권	채권펀드		중장기부채	신용대출	
	정기예적금			담보대출(주택 등)	
	소계			소계	
주식	주식펀드		기타 부채		
	직접투자				
	소계			소계	
부동산	투자용(상가/오피스텔)				
	거주용(시가적용)				
	소계				
은퇴자산	국민연금				
	개인연금				
	연금보험				
	소계				
위험관리자산	종신보험				
	암보험				
	소계				
자산합계			부채합계		
순자산(자산-부채) 합계					
부채와 순자산 합계					

* 은퇴시점에서의 국민연금 예상연금월액은 국민연금관리공단(www.nps.or.kr)에서 확인
* '국민연금 나는 얼마나 받을 수 있을까' 참고
* 기타 부채 : 제3자에게 빌린 돈 등 제도권 금융회사에서 대출받지 아니한 부채

① 대부분의 자산이 부동산 또는 현금성자산(요구불예금) 등에 치우

[재무상태표를 이용한 재무상태 특성 분석]

자산 유형	투자지식 · 성향	필요한 재무설계	개선 사항
부동산, 현금성 자산 위주로 운용	* 투자지식 : 중하 * 투자성향 : 매우 보수적	* 자산배분전략 * 장기 투자방안 수립	* 부동산의 금융자산화 방안 * 투자상품(펀드) 추천 * 은퇴설계
예 · 적금 위주로 운용	* 투자지식 : 중 * 투자성향 : 보수적	* 자산배분전략 * 연금설계 재진단(상품 수정)	* 저수익성 상품의 처리 방안 * 투자상품(펀드)의 투자 증가 * 주식형 연금상품의 추천
펀드와 예 · 적금의 동시 운용	* 투자지식 : 상 * 투자성향 : 중립적	* 자산배분전략 * 연금설계	* 투자상품(펀드) 추천 * 연금계획의 정교한 수립
펀드 위주로 운용	* 투자지식 : 최고 * 투자성향 : 공격적	* 자산배분전략 * 연금설계	* 투자상품(펀드) 추천 * 연금보험상품의 강조

처 있을 경우 : 투자지식이 낮고 매우 보수적일 가능성이 높다. 이런 재무상황에 처해있는 사람은 재무목표 달성을 위한 장기적인 계획을 수립하고 투자자산과 은퇴자산으로 균형을 회복하는 대안을 작성해야 한다.

② 투자자산중 정기예금 · 적금의 비중이 높을 경우 : 투자지식이 중간수준이며 투자성향이 보수적이다. 재무목표 달성을 위한 장기계획 수립에 초점을 두고 투자자산에 대한 자산배분전략을 수립해야 한다. 이때 투자자산은 펀드상품으로 이루어지는 것이 바람직하며 은퇴자산의 경우 확정금리부 연금상품이나 채권형 연금상품으로 구성되어 있을 가능성이 높으므로 이에 대한 보완책으로 주식형 연금상품을 추가하는 것이 좋다.

③ 펀드와 예 · 적금을 동시 운용하는 경우 : 투자지식이 높고 투자성향이 중립적이다. 재무목표 달성을 위한 자산배분전략에 신경을 쓰

[현금흐름표 작성 항목]

(단위 : 만원)

유출		금액	유입		금액
저축/투자	채권/적금		근로소득	본인소득	
	주식펀드			배우자소득	
	소계			기타소득	
고정지출	국민연금			소계	
	개인연금		투자소득	금융소득	
	대출이자			소계	
	각종세금				
	소계				
변동지출	생활비				
	교육비				
	소계				
기타 미확인 지출					
유출 합계			유입 합계		

* 유입 : 사업/근로소득, 투자소득, 기타소득
* 유출 : 저축/투자, 고정지출, 변동지출(비소비성 지출을 의미함)
* 고정지출 : 개인이 조절하기 힘든 비용
* 변동지출 : 개인이 조정 가능한 비용

고 노후에 연금으로 활용할 투자상품에 추가로 투자하는 것이 바람직
하다.

▶현금흐름표의 작성

현금흐름표는 수입과 지출을 알기 쉽게 일목요연한 표로 만든 것을
말한다. 현금흐름표는 수입을 근로소득, 투자소득, 기타 소득 등으로
구분하여 파악한 후 지출을 저축과 투자, 고정지출, 변동지출, 기타 지
출 등으로 구분하여 파악함으로써 작성된다. 현금흐름표는 일정한 기
간 동안의 현금 유입과 유출을 파악하는 것이므로 기간 개념을 가지고

[현금흐름표를 이용한 현금흐름 특성 분석]

유형	특성	필요한 재무설계	개선 사항
저축과 투자지출이 많을 경우	· 적극적인 자산 관리	· 자산배분 · 연금설계 · 투자상품의 재조정	· 펀드를 이용한 적극적인 투자방안 수립 · 기대수익률이 높은 연금상품 투자
고정지출이 많을 경우	· 취약한 자산 관리	· 자산배분 · 연금설계	· 불필요한 지출을 조정하여 연금투자 재원을 확보
변동지출이 많을 경우	· 취약한 자산 관리	· 자산배분 · 연금설계	· 불필요한 지출을 조정하여 연금투자 재원을 확보

작성해야 한다. 따라서 일반적으로 월간 단위의 현금흐름표를 작성하거나 연간 단위의 현금흐름표를 작성하고 있다. 이같은 현금흐름표를 작성하고 나면 현재 새어나가는 돈의 흐름을 추적함으로써 미래의 재무목표를 달성할 수 있는 투자재원을 마련할 수 있다. 따라서 충분한 은퇴자금을 마련하기 위해서는 반드시 현금흐름표를 작성할 필요가 있다. 현금흐름표에 기재해야 할 항목은 다음과 같다. 월간 단위로 본인의 현금 유출입을 파악해보도록 하자.

현금흐름표를 작성하고 나면 다음과 같은 유형으로 현금흐름의 특성을 분석할 수 있다.

① 변동지출이 많을 경우 : 생활비, 교육비, 교통비 등의 지출이 수입에서 차지하는 비중이 높을 경우에는 저축과 투자지출을 늘리는 데 한계가 있다. 따라서 재무설계를 수립하고 이에 따른 저축과 투자지출 규모가 결정되면 고객과 변동지출을 축소하는 방안에 대해 재무설계사와 논의해보아야 한다.

② 고정지출이 많을 경우 : 고정지출은 변동지출과 달리 축소하기 어려운 요소이지만 이중에서 보험료 부분은 보험에 대한 재설계를 통해

적정수준을 확보하는 것이 좋다.

▶ 은퇴 준비자금 파악

은퇴 준비자금을 파악하기 위해서는 우선 재무상태표의 자산항목에서 노후자금용 자산 및 추가적인 준비자금을 분석해야 한다. 그 다음에는 각 자산별 투자수익률 및 가치상승률을 적용하여 은퇴시점에서의 미래가치를 계산하면 된다. 이때 조심할 점은 자산별 투자수익률을 적용할 때 반드시 모든 비용과 세금을 차감한 순수익률(net return)을 사용해야 한다. 예를 들어 부동산의 경우 연 10%의 수익률을 올렸다하더라도 각종 세금이 부과되므로 실제 수익률은 공제 후 금액을 추정해야 한다.

은퇴자금을 추정할 때 추가로 주의해야 할 점은 부동산 자산의 처리방식이다. 사실 거주용 부동산은 부부가 함께 지내야 하는 노후생활 20~30년 동안 거주해야 하며 남편이 사망하고 나면 부인이 추가로 10여 년간 거주해야 하는 곳이다. 따라서 거주용 부동산은 남편과 부인 모두가 매각할 수 없는 말 그대로 '거주수단' 이다. 하지만 많은 사람들이 현재 거주하고 있는 부동산이 바로 은퇴자금으로 활용될 수 있을 것으로 잘못 생각하고 있다. 외국에서도 거주용 부동산은 은퇴자금 계산에서 제외하는 경향이 있으며 지나치게 큰 평수의 부동산일 경우 은퇴시점 전후에 부동산의 일부를 매각하여 은퇴자금으로 활용하는 방법을 사용하고 있다. 따라서 부동산은 매각 후 연금자산으로 전환(매각가치, 매각시 비용 등 감안)하거나 주택연금을 활용해 사망시점까지 매월 일정한 노후자금을 받을 수 있도록 해야 한다.

다음으로 국민연금, 퇴직연금, 개인연금 등의 각종 연금은 노후생활

[은퇴 준비자금 파악하기]

(단위 : 만원)

구분	은퇴용 자산		은퇴자금(추정)
연금자산	공적연금	국민·공무원·군인·사학연금 등	
	퇴직급여	확정급여형(DB)	
		확정기여형(DC)	
		개인퇴직계좌(IRA)	
		퇴직금(현 제도)	
	개인연금	개인연금신탁	
		노후연금보험	
		기타	
노후자금 마련용 금융상품	보험자산	변액보험(변액유니버셜·변액종신보험)	
	주식자산	직접투자자산	
		간접투자자산(펀드)	
	채권자산	국공채, 회사채 등·정기예적금	
부동산	거주용 주택 (주택연금 활용시 공시지가로 계산)		
	임대주택	상가·아파트·오피스텔·토지 임대소득	

비에 포함시킨다. 이때 주의할 점은 국민연금은 축소하여 월생활비에서 차감하도록 한다. 이는 앞으로 고령화와 저출산의 영향으로 국민연금의 수급액이 점차 줄어들 것으로 예상되기 때문이다. 은퇴시점에서의 국민연금 예상연금월액은 국민연금관리공단(www.nps.or.kr)에서 확인할 수 있다. 개인연금, 퇴직연금은 은퇴시점에서 일시금으로 계산하면 된다. 기타 은퇴용 금융자산(주식, 채권)과 기타 자산은 미래가치를 추정해 반영하도록 한다.

❙ 3단계 − 은퇴시점에서의 부족자금 계산

은퇴설계 1단계를 통해 노후에 필요한 자금의 규모를 추정하고 2단계에서 은퇴시점까지 마련할 수 있는 자금의 총액을 계산했다. 은퇴시점에서의 부족자금 계산은 1단계의 필요자금과 2단계의 준비자금을 차감함으로써 계산할 수 있다. 은퇴시점에서의 부족자금을 계산하는 이유는 은퇴기간 중 필요한 노후자금과 은퇴시점까지 실제로 마련할 수 있는 자금간에 괴리가 크기 때문이다. 따라서 은퇴시점에서의 부족자금을 계산함으로써 현실적인 자금 조달계획을 수립하고 이를 바탕으로 한 투자액을 산출해낼 수 있다.

[은퇴시점에서의 부족자금 계산과정]

은퇴시점에서의 부족자금 =
은퇴기간 중 필요한 노후자금 총액(1단계) − 은퇴시점까지 마련할 수 있는 자금총액(2단계)

◆ 이기영 대리의 사례를 통해 은퇴시점에서의 부족자금을 계산해 보도록 하자.

대기업에 근무하고 있는 이대리는 올해 30세이며 부인은 28세이다. 이대리는 60세에 은퇴한 후 월 200만원을 생활비로 쓸 것으로 예상하고 80세(부인 87세)에 사망할 것으로 가정했다. 이대리는 다만 고령화와 저출산의 영향으로 국민연금에 전적으로 노후를 의존할 생각은 하지 않고 있다. 이대리는 따라서 은퇴 후에 국민연금은 매월 50만원 정도를 탈 수 있을 것으로 가정했다. 이밖에 이대리는 노후자금을 계산하기 위한 경제환경으로 물가상승률은 3%, 연금을 받는 기간 중 연

[이대리 부부의 노후자금]

(단위 : 만원)

구분	노후생활비	국민연금 차감후 노후생활비	목돈	간병비	합계
부부생존기간	111,256	83,444	4,855	(남편)14,546	
부인생존기간	24,715	18,536		(부인)13,334	
소계	135,971	101,980	4,855	27,880	134,715
현재 가치	17,862	13,397	638	3,663	17,697

* 한국펀드평가(www.fundzone.co.kr) 노후간편설계 참고

평균 기대수익률은 4%, 투자기대수익률은 8%로 각각 예상했다. 이대리가 사망한 후 부인이 혼자 생존하는 기간 동안의 생활비는 120만원(60%)으로 감소할 것으로 가정했다.

이같은 조건대로 한국펀드평가(www.fundzone.co.kr)의 노후간편설계를 통해 이대리의 노후자금을 계산하면 은퇴시점에 필요한 총 생활비는 13억5,971만원이다(국민연금을 포함할 경우에는 10억1,980만원이 됨). 여기에 이대리와 부인 사망 전 간병비와 은퇴시 필요한 목돈까지 합한다면 실제 필요한 금액은 13억4,715만원이 된다.

다음으로 이대리 부부의 노후준비자금 현황을 파악해보자. 우선 60세 은퇴 후 월 50만원의 국민연금을 받을 것으로 예상했다. 4년간 근무한 직장에서 퇴직금은 현재 450만원이 적립되어 있으며 퇴직연금(확정급여형)에 의해 계속해서 은퇴시점까지 적립하는 것으로 한다. 또 현재 월 200만원의 급여를 받고 있는 이대리의 임금상승률은 6%로 가정하도록 한다. 개인연금은 32세에 신규로 가입하여 소득세 공제가 주어지는 한도인 월 25만원까지 투자하는 것으로 한다. 개인연금의 기대수익률은 연간 7%로 한다(이 경우 주식관련 상품으로 선택한다고 가정한 것임).

이같이 이대리 부부가 미래 은퇴시점에서 마련할 수 있는 자금의 규모는 국민연금, 퇴직연금, 개인연금밖에 없을 것으로 가정하고 분석을 해야 한다. 그래야 부족한 노후자금을 계산할 수 있고 이 부족한 자금을 메울 수 있는 투자액을 계산해낼 수 있다.

▮ 4단계 – 은퇴시점의 부족액 마련을 위한 투자액 산출

이대리 부부의 사례에서 은퇴시점의 부족액을 마련하기 위한 투자액을 계산해보자. 이대리의 재무상황으로 계산해본 결과 이대리가 준비할 것으로 예상되는 자금은 6억4,425만원으로, 은퇴시점에 7억290만원이 부족할 것으로 예상된다. 부족자금 7억290만원은 현재가치로 9,234만원이며 부족자금 마련을 위해서 매년 744만1,200원을 적립해야 한다. 이때 적용하는 투자수익률은 연간 7%이다.

[이대리 부부의 은퇴시점 부족액 마련을 위한 투자액]

(단위 : 만원)

구분	은퇴시점 가치
노후생활비 (A)	134,715
총 은퇴준비자산 (B)	64,425
노후생활비 부족액 (A–B)	70,290
현재 가치	9,234
향후 매년 투자액	744.12
매월 투자액	62.01
투자수익률	7%

* 한국펀드평가(www.fundzone.co.kr) 노후간편설계 참고

‘구슬도 꿰매야 보배’ 라는 말이 있듯이 매년 투자할 금액이 계산되면 투자할 금융상품을 찾아봐야 한다. 이대리가 선택할 수 있는 투자방법으로는 목돈으로 투자하기보다는 적립식으로 매월 일정한 금액씩 투자하는 것이 낫다. 적립식으로 투자하게 되면 목돈으로 투자할 경우 발생할 수 있는 리스크를 최소화할 수 있기 때문이다. 특히 적립식펀드 같은 경우에는 매입단가를 낮출 수 있을 뿐만 아니라 복리효과를 누릴 수 있기 때문에 일석이조이다. 이같은 이점 때문에 이대리는 매월 62만원을 기대수익률 7%로 적립식으로 투자해나가는 방법을 선택하기로 했다. 다만 매월 일정한 금액으로 적립식으로 투자할 때는 ▲국민연금이 줄어들 경우 ▲임금상승률이 6% 미만으로 낮아질 경우 ▲65세(남편 나이 기준)까지 연금을 계속해서 투자해나가지 못할 경우 ▲투자수익률이 7%에 미달할 경우 등과 같은 문제점이 발생할 수 있다. 따라서 성공적으로 노후자금을 마련하기 위해서는 수시로 투자여건을 점검하면서 투자를 지속해나가야 한다. 예를 들어 6개월에 한 번씩 투자현황을 점검해보고 투자수익률이 기대에 못미칠 경우에는 포트폴리오를 조정하면 된다.

▎5 단계 – 자산배분전략 수립

은퇴시점까지 투자해야 할 금액이 계산된 다음에는 금융상품에 투자하기 위한 자산배분전략을 마련해야 한다. 자산배분전략(Asset Allocation Strategy)이란 보유 중인 자산이나 투자할 자금을 주식, 채권, 부동산, 현금성 자산 등 4가지 자산에 대해 투자할 비중을 결정하는 절차를 말한다. 예를 들어 주식 20%, 채권 30%, 부동산 49%, 현금성 자산 1% 등과 같이 투자비중을 결정하는 것을 자산배분전략이라고 한다. 집을 지을 때 설계도면을 먼저 만들듯이 투자를 할 때는 금융상품을 선택하기에 앞서 자산배분전략을 수립해야 한다.

은퇴설계시 자산배분전략은 매우 적극적일 필요가 있다. 일반적으로 은퇴자금은 목돈보다는 매월 소득 중 일부분을 저축하는 적립식 투자로 마련되는 경우가 많다. 따라서 적립식으로 장기간 투자한다는 특징을 감안하여 다른 투자보다 훨씬 적극적으로 주식과 같은 위험자산에 대한 투자비중을 증가시킬 필요가 있다. 은퇴자금의 투자기대수익률을 약 8% 수준으로 가정할 때 일반적으로 주식의 투자비중은 60~70%에 달하며 나머지 채권의 투자비중은 30~40% 정도면 된다. 이런 자산배분을 좀더 간략하게 결정하기 위해 '110-나이=주식투자비중(%)' 이라는 공식을 사용하기도 한다. 현재 나이가 40세라면 주식투자비중은 70%, 채권투자비중은 30%로 하면 된다는 것이다.

◈ 김부장의 사례를 통해 은퇴설계를 계획해보자

45세인 김부장은 아내 이옥자씨(42세)와 자녀 둘(대학교 2학년, 고등학교 1학년)을 부양하는 가장이다. 월수입은 아내와 합쳐 600만원이며 월 생활비로 390만원을 지출하고 있다. 현재 보유한 금융자산은 정기예금과 퇴직금을 포함해 8,000만원이며 대부분 안정성이 높은 저축상품으로 이루어져 있다. 이미 거주용 아파트를 한 채 마련했으며 주택담보부 대출 잔액은 1억원이다. 매월 적립식 주식펀드에 50만원, 보장성보험에 23만원, 연금상품에 40만원, 모기지 상환에 80만원을 지출하고 있다. 김부장 부부의 은퇴설계는 어떻게 해야 할까?

▶ 1단계 : 필요한 노후생활비 추정

김부장은 은퇴 이후 매월 200만원의 생활비를 예상하고 있다. 은퇴기간을 김부장 기준으로 가정하면 60세에서 85세까지 그리고 김부장 사망 이후 부인 이옥자씨가 홀로 10년 동안 추가로 생존할 경우 총 10억원의 은퇴자금이 필요하다. 부부가 함께 생활하는 기간엔 8억3,000만원이 필요하다. 김부장 사망 이후 부인이 홀로 10년 동안 살면서 써야 하는 자금은 1억8,000만원이다.

▶ 2단계 : 은퇴자금 부족액 계산

은퇴자금의 부족액을 계산하기 위해 가장 먼저 은퇴 이후 국민연금 지급액을 예상해야 한다. 김부장의 경우 만 63세부터 국민연금을 수령할 수 있다. 제도가 바뀌지 않는다는 전제로 본다면 김부장은 월 80만원을 받게 된다. 김부장이 사망한 후 부인은 30만원의 유족연금을 탈 수 있다. 이렇게 가정할 경우 은퇴시점(60세)에서 부족한 노후생활비는 총 6억원이다(부부생존시 쓰는 생활비 4억3,889만원, 남편 사별 후 부인 생활비 1억6,994만원).

[은퇴시점(60세)에 필요한 노후생활비 일시금] (단위: 만원)

부부생존시 총생활비	남편 사별 후 부인의 총생활비	노후생활비 총합계
83,447	18,477	101,924

* 가정 : 물가상승률 3%, 은퇴 후 연금자산 수익률 4%, 국민연금 지급액은 매년 물가상승률만큼 증가. 김부장 사망시점 85세이며 부인은 추가로 10년 생존. 김부장 사망 후 부인이 60%의 생활비를 계속 사용

김부장 부부의 경우 정기예금과 퇴직금 등 총 8,000만원의 금융자산을 축적했다. 하지만 나이에 비해 자산이 적어 앞으로 추가적으로 저축해야 하는 금액은 많을 것으로 예상된다. 그렇다면 김부장의 경우 15년

[은퇴시점 부족한 자금 마련계획]		(단위: 원)
목표투자자금	연간 투자수익률	매월투자액
350,000,000	5%	1,305,000
350,000,000	6%	1,198,000
350,000,000	7%	1,098,000
350,000,000	8%	1,005,000
350,000,000	9%	919,000
350,000,000	10%	838,000

후 거주용 부동산을 제외하고 퇴직금, 개인연금, 각종 예금과 적금, 보험, 투자용 부동산을 모두 합쳐서 2억5,000만원(현재가치로 8,000만원)이 있다고 가정하면 부족한 자금은 6억원에서 3억5,000만원으로 줄어든다.

▶ 3단계 : 투자계획 수립

김부장이 앞으로 15년 후의 은퇴 시점에서 3억5,000만원을 추가로 마련하기 위해서는 규칙적으로 투자할 수 있는 자금을 추정해야 한다.

위 표에서 보면 연간 투자수익률을 8%로 가정할 경우 15년 동안 매월 100만원을 투자하면 필요한 금액을 마련할 수 있다. 여기에 등장한 김부장은 월소득 중 이미 매월 주식형펀드 50만원과 연금 40만원을 투자하고 있다. 따라서 여기에 추가적으로 10만원을 더 투자하면 된다.

▶ 4단계 : 자산배분계획 수립 및 상품 선택

은퇴설계의 마지막 단계로 매월 투자할 자금 100만원의 자산배분계획을 수립해야 한다. 앞으로 장기간 주식펀드의 연간 기대수익률을 10%, 채권펀드의 연간 기대수익률을 4%라고 설정해보자. 8% 기대수익률을 올리려면 주식에 70%, 채권에 30%를 투자해야 한다. 그러나

72법칙

72법칙은 복리효과를 전제로 한 법칙으로서 수익률에 따라 투자한 원금이 2배가 되는데 소요되는 시간을 알아볼 때 사용하는 방법이다. 사용방법은 매우 간단하다. 72라는 숫자를 투자한 수익률로 나누었을 때 나오는 숫자가 투자한 원리금이 2배가 되는 데 소요되는 시간이다. 즉 수익률 10%의 상품에 1억원을 투자하였을 때 원리금이 2억원이 되려면 72/10=7.2 약 7.2년이 소요된다. 이때 사용되는 수익률은 복리수익률이다. 1억원을 연 10%의 복리로 투자하였을 때 7.2년이 지나면 원리금이 2억원이 된다는 뜻이다. 72법칙은 수익률이 다른 투자계획안을 손쉽게 비교할 때 주로 사용된다. 예를 들어 투자원금 1억원을 연 복리 10%에 투자했을 때에는 두 배의 금액인 2억원이 되는데 7.2년이 소요되지만 연 복리 4%에 투자하게 되면 18년이 지나야 투자원리금이 2억원이 된다. 여기서도 복리의 효과를 확인할 수 있다. 복리의 효과는 기간에 따라 차이가 나지만 수익률에 의해서도 큰 영향을 받게 된다. 투자금액이 동일하고 수익률은 2.5배 차이가 나지만 36년이 지난 시점에서 투자원리금은 8배의 차이를 만들어낸다

이미 투자하고 있는 상품 중 연금상품(매월 40만원)은 60세 이후의 지급 수익률이 확정되어 있는 고정금리부 상품이다. 따라서 연금상품에 대한 투자가 지속된다면 주식투자비중을 70% 수준으로 높일 수 없다. 당장은 불안하더라도 기대수익률이 높은 상품을 선택하는 것이 좋다. 따라서 이 연금상품은 해약하고 주식형 개인연금이나 변액유니버셜보험 등과 같이 새로운 연금상품으로 갈아타도록 한다.

▎6단계 – 투자할 상품 선택

▶ 자산배분전략을 실행하기 위한 금융상품

투자할 때 흔하게 듣는 말 중에서 한 종목이나 한 개의 펀드에만 투

자하면 위험하므로 포트폴리오를 구성하라는 말이 있다. 포트폴리오(portfolio)란 원래 서류가방이나 지갑을 뜻하는 말이다. 여기서 지갑의 경우 여러 가지 동전들이 가득 들어가 있는 모습이 마치 투자위험을 줄이기 위해 여러 가지 투자대상을 가지고 있는 경우와 비슷하다. 그래서 포트폴리오란 투자위험을 줄이기 위해 다양한 대상에 투자하는 개념을 말한다. 물론 투자대상을 10개, 20개, 30개 이런 식으로 늘리다보면 거의 종합주가지수나 채권지수와 같이 시장평균적인 수익률을 얻게 된다.

각종 금융상품을 이용한 노후자금 준비도 마찬가지다. 금융상품은

[자산집단의 분류와 상품]

(단위: 원)

1차 분류(기초 자산)	2차 분류(자산집단)		3차 분류(개별 상품)
채권	투자대상별	국공채(잔존만기일) 회사채(신용등급 · 잔존만기일) 하이일드(잔존만기일) 옵션부채권	정기예 · 적금 / 금융채 / 공사채 / 지방채 / 중기우량채권 / 장기초우량채권 / 장기 하이일드 / 채권펀드 / MBS / ABS
	지역별	국내 해외(미국,유럽,동남아 등)	외평채 / 채권펀드 미국재무성채권 / 태국 국채
주식	투자대상별	규모별(대형, 중형, 소형주) 가치특성별(가치주, 성장주) 투자전략별(액티브, 인덱스)	중소형 성장주펀드 / 소형 가치주펀드 / 인덱스 주식펀드 / 액티브 주식펀드
	지역별	국내 해외(미국,유럽,동남아 등)	국내 주식펀드 글로벌펀드 / 이머징마켓펀드
부동산	투자대상별	토지 / 건물 주거용 / 업무용	부동산조합 / 부동산(직접보유)
	지역별	국내 해외	해외 부동산펀드(REITEs)
현금자산			MMF / MMDA / CD

자료 : 한국FP협회

주: 1) 채권 자산: 채권 자산은 고정적인 이자수입이 발생하는 채권이나 채권 유사 자산을 말함. 정기예 · 적금, 채권펀드는 대표적인 채권 자산임.
2) 주식 자산: 주식 자산은 투자자가 직접 투자 중인 주식이나 간접투자하는 주식펀드를 말함. 원금보장형상품, 파생상품, 해외투자상품, 펀드오브펀드 등과 같이 주식과 채권 사이에 위치하는 상품도 주식 자산으로 분류함.
3) 부동산 자산: 부동산 자산은 토지 및 임야, APT, 주택 및 빌라, 오피스텔 및 상가, 빌딩, 기타 부동산 등을 말함.
4) 현금성 자산: 현금성 자산은 현금 및 현금 등가물 등을 말함. 전형적인 현금 등가물로는 보통예금, 저축예금과 같은 생활비 목적으로 사용하는 수시 입 · 출금 예금 그리고 단기간 저축을 위한 MMF, MMDA, CD 등임.

다양한 위험이 존재하므로 이를 줄이기 위해서는 과학적인 분산투자를 해야 한다. 상당수의 투자자들은 이러한 기본적인 투자지식을 무시하고 수익률이 좋은 1~2개 상품에 집중적으로 투자하는 경향이 있다. 금융상품도 주식처럼 성격이 상이한 상품에 몇 가지의 체계적인 분산투자를 해야 한다. 과거 수익률이 좋은 상품은 위험도 그만큼 높아져 있는 상황이다. 투자위험 없이 수익률이 좋은 경우는 투자세계에서 발생할 수 없다. 이같은 투자위험을 줄이기 위해서는 여러 가지 속성을 가진 금융상품에 분산투자해야 한다.

자산배분전략을 실행하기 위한 금융상품의 종류는 매우 다양하다. 보편적으로 '투자설계' 에서는 자산배분전략을 수립하는 과정에서 반드시 필요한 금융상품을 기초자산과 투자자산으로 구분하고 있다. 주식, 채권, 부동산 등의 기초자산이 금융상품의 1차적인 분류기준이 되며 주식 내에서도 대형주, 중소형주, 가치주, 성장주, 국내주식, 해외주식 등과 같은 자산집단이 또다시 2차 분류가 된다. 이러한 자산집단 개념을 이용한 2단계 상품분류 방법은 모든 금융상품에 동일하게 적용될 수 있다. 이같은 금융상품의 분류는 가장 보편적인 재무설계 방법으로 보면 된다.

그렇다면 이런 금융상품의 종류가 노후자금 마련을 위한 금융상품과 같은 종류일까. 결론은 같다. 즉 연금용 상품이 따로 존재하고 일반 투자용 상품이 따로 존재하는 것은 아니다. 연금용 상품도 결국 자산배분 차원에서 주식, 채권, 부동산, 현금성 자산 등으로 접근해서 투자해야 하기 때문이다. 예를 들어 주식형 상품이 있다면 사업자금용, 자녀교육 비용, 주택 마련용, 노후자금 마련용 등으로 다양한 목적에 따라 선택하고 투자하면 된다. 즉 각 자금 용도별로 따로 상품이 존재하는 것이 아니라는 점이 중요하다.

▶ 분산투자전략을 이용한 금융상품 선택

은퇴자금이라는 재무목표에 합당한 자산배분이 결정되고 나면 최종 적으로 상품 선택을 한다. 노후자금용으로 이용할 수 있는 상품은 정기 적금, 확정형 연금, 변액연금, 펀드 등의 다양한 상품들이 존재한다. 하 지만 단순하게 과거 수익률이나 미래의 예상수익률만으로 펀드를 선택 하면 곤란하므로 몇 가지 상품 선택방법이 존재한다. 가장 보편적인 방 법은 위험을 줄이기 위한 다양한 분산투자전략을 사용하는 것이다. 어 떠한 분산투자전략을 어느 정도로 사용하는가에 따라 상품 선택이 결 정된다. 분산투자전략에는 ▲자산 분산 ▲투자시점 분산 ▲투자스타일 분산 ▲지역 분산 ▲ 통화 분산 등의 5가지가 있다.

[분산투자전략]

① 자산 분산(asset allocation)
② 투자시점 분산(time diversification)
③ 투자스타일 분산(style allocation)
④ 지역 분산(regional allocation)
⑤ 통화 분산(currency allocation)

① 자산 분산(asset allocation)

자산 분산은 크게는 주식, 채권, 부동산, 현금성 자산 등에 대한 자산 배분비율을 결정하는 것이며 좁게는 주식과 채권만을 대상으로 분산투 자하는 것이다. 매월 적립식으로 은퇴자금을 투자한다고 하면 가장 먼 저 주식과 채권에 대한 투자비중을 결정하고 나서 상품을 선택해야 하 기 때문이다.

② 투자시점 분산(time diversification)

주식과 같은 위험한 자산에 투자할 때는 가능하면 목돈투자(거치식투

자)보다는 적립식 투자로 투자시점을 여러 개로 분산하는 것이 바람직
하다. 금융상품 중에는 적립식으로 투자하거나 몇 번에 걸쳐서 분할투
자하는 것이 가능한 금융상품이 따로 존재한다. 분산투자의 기준을 결
정하면 자연스럽게 상품 선택이 달라진다.

③ 투자스타일 분산(style allocation)

주식펀드에는 대형주, 중소형펀드가 존재하며 이들 펀드들은 또다
시 가치주펀드와 성장주펀드로 나누어진다. 또 주가지수를 추종하는
인덱스펀드와 저평가된 종목에 투자하는 액티브펀드로 크게 구분된다.
좀더 특이하게는 배당주펀드, 소외주펀드, 저가주펀드도 존재한다.

채권펀드의 경우에도 국공채펀드, 회사채펀드, 하이일드펀드가 존
재하며 이들 펀드들은 모두가 채권의 잔존만기에 따라 단기, 중기, 장
기로 구분된다. 펀드를 선택할 때는 주식펀드들의 다양한 스타일, 채권
펀드들의 다양한 스타일별 투자 비중을 먼저 결정해야 최종적으로 상
품을 선택할 수 있다.

④ 지역 분산(regional allocation)

우리나라 주식시장은 전 세계 주식시장의 1.5%에 불과할 정도로 작
은 시장이다. 이런 좁은 시장에서만 투자하기보다는 전체 자산 중 20%
이내에서 해외투자를 하는것도 바람직하다. 그런데 해외투자펀드는 동
남아펀드, 유럽펀드, 중남미펀드, 브릭스펀드, 인도펀드, 중국펀드, 일
본펀드와 같이 여러 지역별로 상품종류가 다양하다. 해외투자의 기본
원칙은 한국과 주가가 상이하게 움직이는 유럽이나 미주대륙 등을 대
상으로 지역 분산을 하는 것이 바람직하다. 국제적으로 해외투자는 주
식분야에서 주로 이루어지고 있으며 채권분야에서의 해외투자는 그다
지 많지 않다는 점에 주의해야 한다.

⑤ 통화 분산(currency allocation)

해외투자를 할 때 환율의 변화로 인한 위험을 방지하는 방법으로는 스왑(swap)계약을 맺거나 투자대상 통화를 분산하는 방법이 있다. 현재 국내에 판매되는 펀드들은 대부분 달러화를 기본 통화로 하는 펀드들이다. 이 경우 투자자들이 원화로 투자하면 달러로 환전하여 펀드에 가입하고 펀드매니저가 투자할 때 다시 현지국 통화로 전환된다. 결국 국내의 투자자들은 대부분 달러 약세에 노출되는 위험을 안고 있다. 이런 문제점을 극복하기 위해서는 달러화로 된 펀드 외에 유로화, 파운드화, 엔화 등의 다양한 통화로 된 펀드들을 선택하면 된다.

▶ 자산배분전략의 실제 사례

대기업 부장으로 재직 중인 홍길용씨(45세)는 정년퇴직이 얼마 남지 않은 상황에서 노후에 대해 걱정이 되었다. 홍부장은 더 늦기 전에 은퇴설계 컨설팅을 받기로 하고 부인 김세란씨(42세)와 함께 평소 친분이 있는 재무설계사를 찾았다.

홍부장은 은퇴시점을 60세로 정하고 매월 풍요롭지는 않지만 경제적으로 쪼들리지 않을 만큼의 생활비를 원했다. 이 경우 노후자금은 홍부장의 나이를 기준으로 홍부장 부부가 60세부터 85세까지 25년간 사용할 생활비, 홍부장 사망 이후 부인 김씨가 10년간 사용하는 생활비로 구성된다. 국민연금관리공단의 예상노령연금 조회결과, 홍부장의 예상되는 국민연금 수령액은 매월 80만원(25년간 약 2억4,000만원 수령) 정도이다. 현재 금융상품에 투자되어 있는 약 8,000만원의 자금도 은퇴 후 연금자산으로 활용할 수 있다. 이 경우 홍부장이 은퇴시점인 60세에 부족한 노후자금은 약 3억6,000만원으로 추정했다. 재무설계사

나이	투자기간(연)	수익률 8.5%	주식형펀드 (수익률 10%)	채권형펀드 (수익률 3.5%)
46	1	12,478,716	8,795,898	3,658,315
50	5	74,442,437	54,205,951	19,639,834
55	10	188,138,416	143,391,485	43,029,753
60	15	361,786,353	290,129,242	70,885,810

는 이 자금을 마련하기 위해서는 현재(45세)부터 은퇴시점인 60세까지 15년간 매월 100만원씩 투자를 해야 한다고 조언했다. 이때 가정한 투자 기대수익률은 8.5%이다.

8%의 기대수익률로 매월 100만원씩 투자하기 위해서는 가장 먼저 주식, 채권 등에 대한 투자비중을 결정해야 한다. 투자기간이 얼마 남지 않았기 때문에 주식투자 비중을 높게 잡아야 한다. 따라서 주식과 채권의 비중을 각각 70%(기대수익률 10%), 30%(기대수익률 3.5%)로 하고 매월 100만원 중 70만원은 주식형상품에, 30만원은 채권형상품에 투자하면 된다. 주식형상품으로는 주식투자비중이 60% 이상인 주식형펀드, 채권형상품으로는 채권투자비중이 60% 이상인 채권형펀드를 선택한다. 주식형펀드는 다양한 분산투자를 위해 70만원 중 20만원 정도는 해외투자펀드에 투자하는 것도 생각해볼 수 있다. 이렇게 투자했을 경우 홍부장은 60세 은퇴시점에서 약 3억6,100만원 정도를 손에 쥘 수 있게 된다.

▍7 단계 – 은퇴설계 모니터링

은퇴설계를 한 후에는 적어도 3~5년 간격으로 정기적인 모니터링을 해야 한다. 투자 중인 상품의 수익률이 당초 목표로 정한 수익률을 실현하고 있는지 등에 대한 점검을 통해 재설계 여부를 결정해야 한다. 은퇴설계는 워낙 초장기 설계이므로 최초로 한 설계보다는 지속적인 관리가 더 중요하다고 볼 수 있다.

은퇴설계 모니터링을 통해 점검해보아야 할 사항은 다음과 같다.

첫째, 노후자금 마련을 위해 투자되고 있는 각종 금융상품들의 수익률과 위험을 평가하는 일이다. 성과평가는 주로 월간단위로 이루어지며 연간단위로 상품에 대한 투자를 지속할 것인지에 대해 평가해야 한다. 평가하는 방법은 비슷한 상품들을 대상으로 수익률, 위험, 위험조정후 수익률 등에 대해서 이루어진다. 평가시 순위, 수익률 지속성, 변동성 등을 고려하면 좋다. 둘째, 자산배분전략의 변경여부를 점검한다. 자산배분은 주식, 채권, 부동산, 현금성 자산 등에 대한 수익률과 위험을 미리 예측해서 이루어진다. 그러나 은퇴자금 마련 도중 경제변수가 크게 일어나면 자산배분의 기초가 흔들리게 되므로 자산배분전략을 재조정해야 하는 일이 발생한다. 예를 들어 주식가격이 지나치게 오르거나 내릴 경우 또는 부동산가격의 상승과 하락 등에 의해서 자산구성비를 재조정해야 하는 경우가 생긴다. 자산배분의 변경여부는 주로 3~5년 단위로 이루어지는 바람직하다.

이같은 은퇴설계 모니터링은 반드시 재무설계사의 도움을 받아야 한다. 투자자 스스로 모든 투자상품을 점검하고 자산배분전략을 수정할 수 없기 때문이다. 특히 모니터링은 일정한 기간을 두고 정기적으로 이루어지기 때문에 평생 같이 늙어갈 수 있는 재무설계사를 만나는 것이 중요하다.

은퇴설계를 위한 금융상품

미국의 브로커리지 전문 증권회사인 '찰스슈왑' 사장을 지낸 티모시 매카시는 '세 개의 주머니'로 유명하다. 매카시는 자산을 생계용·오락용·자산형성용 등 세 개의 주머니에 나누어 담아야 한다고 주장했다.

Rich Life Plan

4장

1 기본적인 노후생활
– 3층 보장체계

　미국의 브로커리지 전문 증권회사인 '찰스슈왑' 사장을 지낸 티모시 매카시는 '세 개의 주머니'로 유명하다. 매카시는 자산을 생계용·오락용·자산형성용 등 세 개의 주머니에 나누어 담아야 한다고 주장했다. 이는 사용 목적에 따라 자산을 분류해 운용해야 한다는 것으로, 매카시는 자산형성용을 가장 중요하다고 강조했다. 자산형성용 주머니를 어떻게 관리하느냐에 따라 노후 생활수준이 결정되기 때문이다.

　연금도 세 개의 주머니로 구분된다. 국민연금, 기업(퇴직)연금, 개인연금 등 세 개의 주머니는 세계은행이 1994년 '고령사회의 위기모면'이라는 보고서를 통해 강조한 바 있다. 세계은행은 특히 공적연금의 취약성을 지적하고 이를 해소하기 위해 퇴직연금과 개인연금을 발전시켜 공·사연금 다층체계를 구축해야 한다고 지적했다. 이중 가장 중요한 주머니는 개인연금이다. 국민연금과 기업연금은 기본적이고 표준적인 생활을 보장하지만 여행을 즐기는 등 여가생활을 함께 누리기 위해서는 개인연금이 필수적이기 때문이다. 개인연금과 자산형성용 주머니를 동일한 개념으로 본다면 개인연금을 얼마나 잘 관리하느냐에 따라 은퇴생활이 달라지게 된다. 특히 은퇴 후에는 연금을 통해 매월 고정적인

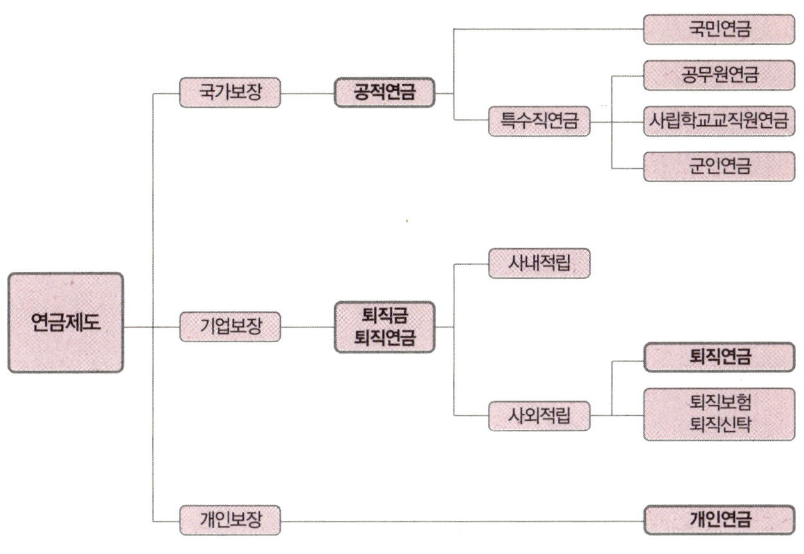

목표투자자금	1층 – 국민연금	2층 – 기업(퇴직)연금	3층 – 개인연금
가입대상	전 국민	근로자	개인
목적	최저생활비 보장	기업 근로자에 대한 노후생활 보장 지원	개인의 선택에 의한 노후생활 보장
책임원칙	사회계약에 의한 국민의 연대책임	기업의 사회적 책임	가입자 책임
사업주체	국가	기업	개인
수단	공적부조, 공적연금	퇴직연금	개인연금, 변액연금
급부	소득비례	소득 및 근속연수	개인 결정

수입을 확보할 수 있으므로 총생활비 중 70~80% 이상이 세 가지 연금
에서 나온다면 여유 있는 노후생활을 보낼 수 있다.

❙ 최저생계 보장 – 국민연금

국민연금만으로 노후대비를 할 수 있을까. 정답은 '아니다' 이다. 현재의 국민연금제도(보험료율 9%, 급여율 60%)를 계속 유지하면 오는 2047년 국민연금 재정이 고갈되기 때문이다. 1988년 국민연금 도입 당시 재정의 고갈 위험은 예견되어 있었다. 급속한 고령화(2017년 고령사회 진입)와 저출산을 예상하지 못했기 때문이다. 그렇다면 현재의 제도가 계속 유지된다면 어떤 일이 벌어질까. 후세대에게 재앙이 다가올 수밖에 없다. 2047년 국민연금 재정이 고갈된 후부터는 그해의 연금보험료로 수급자에게 지급하는 부과방식으로 바뀔 수밖에 없다. 이렇게 되면 월급의 30%가 국민연금으로 빠져나가게 된다. 그리고 2070년에는 지급해야 할 연금과 실제 적립된 금액의 차이가 국내총생산(GDP)의 160%에 이르게 된다고 한국개발연구원(KDI)은 지적했다.

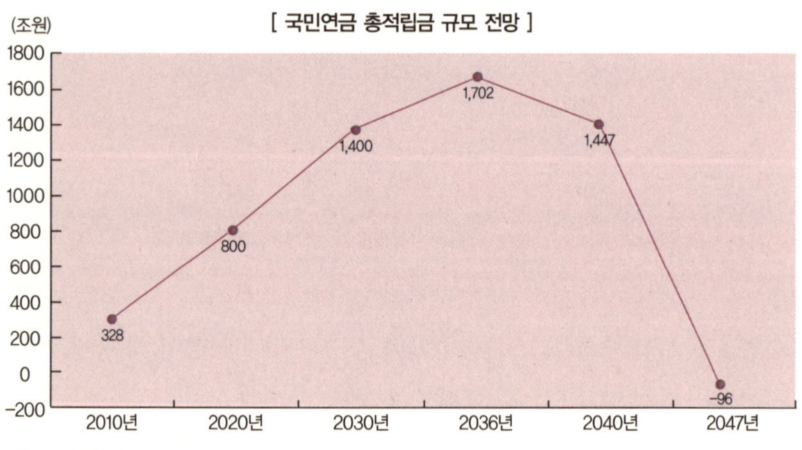

　　상황이 이렇다보니 국민연금을 정말 받을 수 있을까라는 질문을 던지는 사람들이 많다. 그만큼 국민연금에 대한 신뢰가 땅에 떨어지게 된 것이다. 정부도 사태의 심각성을 인지하고 2007년 7월 국민연금법 개정안을 내놓았다. ▲현재의 보험료 9%를 유지하되 소득대체율은 40년 가입시 현행 60%에서 2008년에는 50%, 2009년부터 매년 0.5%씩 조금씩 단계적으로 낮춰 2028년부터 40%가 되도록 변경하였다. 다만 개정법 시행 전에 가입한 기간에 대해서는 종전 기준에 따른 지급수준(60%)이 보장된다. 또 개정 전에 지급사유가 발행하여 연금을 받고 있는 중이라면 개정법과 상관없이 기존에 지급받던 연금액을 계속 받을 수 있다. ▲2008년 1월부터 국민연금 보험료 부과기준으로 사용하던 표준소득월액 등급체계(45등급)는 폐지되고 가입자의 실제소득에 따라 연금보험료가 부과, 징수(기준소득월액)된다. ▲65세 이상 노인의 소득 하위 60%(약 301만명)를 대상으로 국민연금 가입자 전체 평균소득월액의 최대 5%(2008년 최대 8만4,000원)에 해당하는 금액을 매월 지급하는 기초노령연금제도도 시행된다. ▲출산이나 군복무와 같이 사회적으로 가치 있는 행위에 대해 국민연금 가입기간을 추가 인정해주는 크레디트제도도 도입된다. 이에 따라 2008년 1월부터 가입자가 입양을 포함해 둘째 자녀를 출산할 경우 12개월, 셋째 이상 자녀를 출산하면 18개월을 더 국민연금에 가입한 것으로 인정받는다. 병역의무를 이행한 현역병이나 공익근무요원의 경우에도 군복무기간 중 6개월을 국민연금에 가입한 것으로 인정받는다. 하지만 이러한 개정안은 인구구조의 변화, 사회여건 등에 따라 지속적으로 변경될 수밖에 없다. 따라서 국민연금은 '최소한의 인간다운 삶을 보장하기 위한 제도적 장치'로 이해해야 한다. 선진국의 경우에도 노후를 대비하기 위해서는 국민연금 이

[국민연금 종류별 수급요건]

(단위: 원)

	수급요건
완전노령연금	가입기간 20년 이상, 60세에 달한 자(65세 이전까지는 소득이 없을 경우)
감액노령연금	가입기간 10년 이상 20년 미만인 자로 60세에 달한 자(65세 이전까지는 소득이 없을 경우)
재직자노령연금	가입기간이 10년 이상, 60세 이상 65세 미만인 자로 소득이 있는 업무에 종사하는 경우(소득이 있는 업무에 종사하지 않게 되면 가입기간에 따라 완전노령이나 감액 노령으로 변경해 지급)
조기노령연금	가입기간 10년 이상, 연령 55세 이상인 자가 소득이 있는 업무에 종사하지 아니하고, 60세 도달 전에 연금수급을 청구한 경우(65세 이전에 소득이 있는 업무 종사시 소득활동 종사기간 동안 지급정지)
특례노령연금	가입기간 5년 이상 10년 미만으로 60세에 달한 자(소득유무에 관계없이 지급)
분할연금	혼인기간 중 가입기간이 5년 이상인 노령연금 수급권자의 이혼한 배우자가 60세 이상이 되었을 때

자료 : 국민연금관리공단
※ 각 급여수준은 국민연금관리공단(www.nps4u.or.kr)에서 확인할 수 있음

외에 퇴직연금과 개인연금 등을 반드시 추가로 가입한다. 국민연금만으로는 기본적인 노후생활이 불가능하기 때문이다.

앞서 언급했듯이 국민연금은 대한민국 국민이라면 누구에게나 제공되는 최소한의 공적서비스이다. 따라서 국민연금에 대한 올바른 이해는 우리가 은퇴설계를 하는 데 있어서도 중요한 요소로 작용하게 된다. 즉 '제3장 은퇴설계의 실전'에서 살펴보았듯이 은퇴설계시 은퇴자금을 계산할 때는 반드시 국민연금을 감안해야 한다. 이런 의미에서 국민연금의 종류 및 수급조건 등에 자세히 살펴보도록 하자.

국민연금 급여는 가입자가 노령이나 질병·사망으로 소득능력이 상실 또는 감퇴되었을 때 본인이나 유족의 생계를 보장하기 위해 지급된다. ▲10년 이상 가입하고 60세부터 지급되는 노령연금 ▲가입 중에 발생한 질병 또는 부상으로 장애가 남아 있을 때 지급되는 장애연금 ▲가입자 등이 사망한 경우 그 유족에게 지급되는 유족연금 등이 있다. 연금급여의 수급요건을 충족하지 못하고 중도에 자격을 상실하거나 사

[노령연금 예상연금 월액표]

(단위 : 원)

등급	표준소득 월액	연금 보험료 -9%	표준소득월액					
			특례	감액			완전		
			5년(25%)	10년(47.5%)	15년(72.5%)	20년(100%)	30년(100%)	40년(100%)
5	260,000	23,400	70,450	133,870	204,330	260,000	260,000	260,000
10	370,000	33,300	74,580	141,710	216,290	298,330	370,000	370,000
15	570,000	51,300	82,080	155,960	238,040	328,330	492,500	570,000
20	850,000	76,500	92,580	175,910	268,490	370,330	555,500	740,000
25	1,210,000	108,900	106,080	201,560	307,640	424,330	636,500	848,670
30	1,660,000	149,400	122,950	233,620	356,580	491,830	737,750	983,670
35	2,190,000	197,100	142,830	271,380	414,210	571,330	857,000	1,142,670
40	2,800,000	252,000	165,700	314,840	480,550	662,830	994,250	1,325,670
45	3,600,000	324,000	195,700	371,840	567,550	782,830	1,174,250	1,565,670

자료 : 국민연금관리공단(http://www.nps4u.or.kr)

망한 경우에는 본인 또는 본인에 의해 생계를 유지하던 그 유족에게 반환일시금이나 사망일시금이 지급된다. 흔히 국민연금이라고 하면 늙어서 받는 노령연금이 전부라고 생각하는 사람들이 많다. 하지만 장애연금이나 유족연금 등은 우리의 실제 생활을 보호하는 중요한 보장내역이 담겨 있기 때문에 자세히 알아보고 누릴 수 있는 혜택을 최대한 활용해야 한다.

국민연금의 자세한 내용을 살펴보면 다음과 같다.

▲완전노령연금은 가입기간이 20년 이상이고 60세에 달한 때에(65세미만인 자는 소득이 없는 경우에 한함) 기본연금액과 가급연금액(배우자 등 가족수에 따라 차등지급)을 합산해 평생동안 지급한다. ▲감액노령연금은 가입기간이 10년 이상이고 20년 미만인 사람이 60세에 달해 소득이 있는 업무에 종사하지 않는 경우 가입기간에 따라 일정률의 기본연금액에 가급연금액을 합산하여 평생동안 지급한다. ▲특례노령연금은

국민연금제도를 확대 시행할 당시 나이가 많아 연금을 받기 위한 최소 가입기간인 10년을 채울 수 없는 사람도 국민연금 혜택을 받을 수 있다. 5년(60개월)만 가입해도 60세가 되면 가입기간에 따라 일정률의 기본연금액에 가급연금액을 합산해 평생동안 지급받을 수 있다.

▶ 국민연금 나는 얼마나 받을 수 있을까

회사에서 규정한 정년퇴직 연령이 60세인 공기업에 근무하고 있는 홍이사(55세)는 정년퇴직이 가까워짐에 따라 은퇴 후 노후생활자금 마련을 어떻게 해야 할지 궁금해졌다. 홍이사는 우선 국민연금 월수령액을 따져보기로 했다. 홍이사의 국민연금 납부기간은 국민연금제도가 시행된 1988년 4월부터 2008년 1월까지로, 3개월만 더 납부하면 20년을 완전히 채운 '완전노령연금 수급권자'가 된다. 따라서 홍이사는 정년퇴직 시점인 60세부터 국민연금을 매월 수령할 수 있게 된다. 그렇다면 홍이사가 받을 수 있는 국민연금은 매월 얼마나 될까.

홍이사는 자신의 국민연금 수령액을 알아보기 위해 국민연금관리공단(http://www.nps4u.or.kr) 홈페이지를 방문했다. 홍이사는 '개인별 맞춤형 정보서비스'를 통해 자신이 납부한 연금내역을 확인한 후 '노령연금 예상연금 월액표'를 보았다. 월평균 표준소득액이 360만원인 홍이사의 경우는 45등급에 해당되며 20년 납입시 매월 78만2,830원의 확정연금을 받을 수 있다는 것을 확인했다.

▌근로자의 든든한 노후보장 - 퇴직연금

한 평생 일한 직장을 그만두면 퇴직금을 받게 된다. 은퇴 후 퇴직금

명칭	퇴직금제도	퇴직연금제도
가입대상	근로자 5인 이상 사업장	전 사업장 단, 근로자 5인 미만의 사업장은 2008~2010년 중 시행
퇴직금의 종류	퇴직일시금	퇴직일시금 및 퇴직연금 중 선택
퇴직금 적립방법	사내적립 및 사외적립 (퇴직신탁 · 보험) 모두 허용	퇴직일시금: 사내적립 (사외적립은 2010년까지 허용) 퇴직연금: 사외적립 원칙

자료 : 노동부

은 노후생활을 안정적으로 보내기 위한 용도로 사용하게 된다. 하지만 급여생활자의 경우 퇴직금을 잘 운용하지 못해 낭패를 보는 경우가 많다. 우리 주변을 보면 사업을 한다든지, 주식투자를 해서 힘겹게 모은 퇴직금을 날려버리는 경우가 비일비재하다. 이렇게 되면 편안한 노후생활은 꿈도 꾸지 못하게 된다.

우리나라는 이같이 1년 이상 근무한 근로자에게 근속연수 1년에 대해 30일분 이상의 평균임금을 일시에 지급하는 '법정퇴직금제도'를 1961년 도입된 이후 44년 동안 유지해왔다. 하지만 퇴직금제도는 기업이 도산할 경우 근로자가 퇴직금을 받을 수 있는 권리를 보장받을 수 없다는 문제점이 있다. 가장 큰 문제는 퇴직금이 노후자금으로 쓰이지 않는다는 것이다. 실제로 우리나라 기업 중 42% 이상이 연봉제를 실시하고 있을 뿐만 아니라 근로자의 근속연수가 평균 5.8년밖에 되지 않아 퇴직금의 노후생활자금 사용 여부가 불투명한 상황이다.

이런 퇴직금제도는 우리나라가 97년 외환위기를 겪는 동안 바뀌게 되었다. IMF(국제통화기금)가 퇴직금제도의 문제점을 지적하자 정부는 2004년 말 기존의 퇴직금제도를 삭제하고 '근로자 퇴직소득보장법'이라는 법률을 마련했다. 2005년 12월부터 본격적으로 시행된 퇴직금제

[퇴직연금제도의 종류 및 비교]

구분	확정기여형(Defined Contribution)	확정급여형(Defined Benefit)
개념	※ 노사가 사전에 부담할 기여금을 확정 ※ 적립금을 근로자가 자기책임으로 운용 ※ 근로자가 일정한 연령에 달한 때에 그 운용 결과에 기초하여 급여를 지급(연금 55세 이상)	※ 노사가 사전에 급여의 수준·내용을 약정 ※ 근로자가 일정한 연령에 달한 때에 약정에 따른 급여를 지급(연금 55세 이상)
기여금	확정(근로자 연간 임금총액의 12분의 1이상)	산출기초율(운용수익률, 승급률 등) 변경시 변동
급부	운영실적에 따름	확정(계속근로기간 1년에 대하여 30일분의 평균임금 이상)
위험부담	물가, 이자율 변동 근로자 부담	물가, 이자율 변동 등 회사 부담
지급보장	운용방법에 원리금보장상품 포함 등 안정적 운영지도	의무적립금제도(퇴직부채 60%) 건전성 감독 등
기업부담	축소 불가	축소 가능(수익률이 높을 경우)
통산제도	용이	어려움(개인퇴직계좌를 통한 통산 가능)
연금수리	불필요	필요
선호계층(예상)	단기근속자 및 젊은층	장기근속자
주요대상(예상)	연봉제, 중소기업	대기업, 기존 사외적립기업

자료 : 노동부

도는 오는 2010년 전 사업장으로 확대될 예정이다.

▶ 어떤 퇴직연금제도를 선택해야 할까

불안한 노후를 대비하기 위한 안전판 역할을 할 퇴직연금제도에 대해 자세히 살펴보자. 2005년 말부터 노사는 사업장별로 협의해 퇴직연금의 두 가지 형태인 확정급여형(Defined Benefit)과 확정기여형(Defined Contribution)을 선택할 수 있게 됐다. 확정급여형은 근로자의 연금급여가 사전에 확정되며 사용자의 적립부담은 적립금 운용결과에 따라 변동된다. 확정기여형은 사용자의 부담이 사전에 확정되고 근로자의 연금급여는 적립금 운용결과에 따라 변동된다. 확정기여형의 경우 개

[김연금씨의 퇴직급여 계산]

(단위 : 만원)

직장	나이	연도	연차	월급	퇴직소득금액	
A	27	2007	1	180		
	28	2008	2	193		
	29	2009	3	206		
	30	2010	4	221		
	31	2011	5	236		
	32	2012	6	252	1,515	IRA로 운용
B	33	2013	7	270		1,636
	40	2020	14	434		2,804
	50	2030	24	853		6,053
	55	2035	29	1,197		8,894
	60	2040	34	1,679	47,000	13,068
				총 퇴직금	60,068	

가정치 : 임금상승률 7% / IRA운용수익률 8%

인별 계좌로 퇴직금이 들어오기 때문에 근로자는 직장을 옮겨도 투자 활동에 지장을 받지 않는다. 다만 스스로 운용방법을 선택하기 때문에 그 결과에 따라 나중에 받는 연금수령액이 달라질 수 있다.

확정급여형과 확정기여형 중 한 가지를 선택하기 위해서는 근로자 대표의 동의를 얻어 '퇴직연금규약' 을 작성하여 노동부장관에게 신고 하면 된다. '퇴직연금규약' 을 작성한다는 것은 개별 사업장의 퇴직연 금제도를 설계하는 성격을 가지는 것으로 법정사항을 모두 포함하여야 한다. 그 이외 또는 법정수준을 상회하는 수준은 노사가 자유롭게 정할 수 있다. 따라서 확정급여형과 확정기여형 중 어떤 것이 좋은지는 노사 가 합리적으로 결정하면 된다.

▶ 퇴직연금을 활용한 은퇴설계 사례

김연금씨는 대학을 졸업하고 27세에 A회사에 취직했다. 김씨가 입사한 회사는 확정급여형(DB)을 채택한 곳이다. 그는 첫 월급으로 180만원을 받았다(연간 임금상승률을 7%로 가정). 김씨는 A회사에서 6년을 근무하고 스카우트 제의를 받아 B회사로 직장을 옮겼다. 이때 김씨가 A회사에서 받은 퇴직일시금은 1,515만원(수령시 퇴직소득세 1만4,000원 납입)이다. 김씨는 이 자금을 노후자금으로 활용하기 위해 본인 명의의 개인퇴직계좌(IRA)에 넣어두기로 했다. B회사에서 김씨는 60세가 되던 해에 정년퇴직하고 현업에서 은퇴했다. 이때까지 그가 마련한 총 퇴직급여는 얼마나 될까?

위 표에서 보면 IRA에 넣어둔 1,515만원은 연평균 8%의 운용수익률로 운용되어 김씨가 60세가 되던 시점에서 1억3,068만원으로 불어났다. 그리고 B회사에서 28년간 근무한 후 받은 퇴직일시금은 4억7,000만원이다. 따라서 김연금씨는 총 6억68만원을 노후생활을 위한 퇴직연금으로 활용할 수 있게 된다. 김씨가 이 자금을 20년간 연금으로 받는다면 매월 250만원을 수령하게 된다. 만약 김씨가 A회사에서 받은 1,515만원을 다른 용도로 써버렸다면 은퇴시점에서 1억3,000만원 정도 줄어든 4억7,000만원만 은퇴자산으로 확보하게 되었을 것이다.

[퇴직연금에 대한 궁금증 10가지]

1. 퇴직연금 급여는 연금으로만 받아야 하나?

퇴직연금의 급여는 연금과 일시금으로 수급할 수 있다. 다만 연금의 경우 일정한 자격요건을 충족해야 하며 일시금의 경우는 일시금 수급을 원하는 자가 받을 수 있다.

2. 퇴직연금의 급여는 언제 받을 수 있나?

퇴직연금의 급여는 원칙적으로 퇴직시에 받을 수 있다. 다만 퇴직연금제도의 폐지 및 중단 등으로 계약이 해지되는 경우에도 지급받을 수 있다. 급여 중 연금의 경우는 퇴직 후라도 55세 이상으로서 규약이 정한 시점부터 지급받을 수 있다.

3. 사용자는 퇴직연금의 급여를 언제까지 지급해야 하나?

사용자가 근로자 퇴직시 퇴직연금의 급여를 언제까지 지급해야 하는지에 대한 명시적인 규정은 없다. 다만 퇴직금의 경우 지급사유 발생일로부터 14일 이내에 지급하도록 되어 있으며 확정기여형에 있어서 사용자가 가입자 탈퇴시에 당해 가입자에 대한 부담금을 미납한 경우 14일 이내에 부담금을 납부하도록 되어 있다.

4. 연금으로 선택할 수 있는 자격요건이 있나?

연금의 수급자격은 '55세 이상인 자로서, 가입기간 10년 이상인 퇴직자'이다. 다만 연금수급 자격을 갖추지 못하고 중도 퇴직한 경우에는 (탈퇴)일시금을 받을 수 있다.

5. 연금으로 받을 경우 어떤 이익이 있나?

연금으로 수급하는 경우에는 연금소득세가 부과되어 퇴직일시금에 대한 소득세보다 유리한 세율을 적용받을 수 있다. 따라서 장기적인 연금수급기간 동안 과세가 이연되어 실질소득이 증가하여 안정적인 노후생활을 보장받을 수 있다.

6. 연금은 몇 년간 받을 수 있나?

연금수급기간은 최소한 5년 이상이 되도록 하되 보다 구체적인 내용은 노사가 퇴직연금규약에 정하도록 하여 일정기간(5년, 10년, 20년) 또는 종신연금으로 받을 수 있다.

구분	확정급여형	확정기여형
일시금	근속연수 × 30일분 임금 이상	운용결과에 따라
연금	일시금 ÷ 5년 또는 10년 또는 종신	일시금 ÷ 5년 또는 10년 또는 종신

7. 근로자가 사용자의 납부에 더하여 추가로 부담할 수 있나?

확정급여형의 경우 사업장별로 하나의 계좌만이 존재하여 근로자 개인별로 적립금이 구분되어 있지 않아 근로자별로 추가적인 부담이 어렵다. 반면 확정기여형의 경우 근로자별로 개인계좌가 존재하므로 근로자의 추가부담이 가능하다. 추가부담하는 경우 소득공제 대상으로서 세제혜택을 받을 수 있다.

8. 근로자의 자율적인 추가갹출이 허용된다면 한도는 얼마인가?

확정기여형의 경우 근로자의 추가갹출이 허용되나 한도에 대한 규정은 없다.

9. 퇴직연금의 경우에도 근로자의 목돈수요에 대비한 퇴직금의 중간정산제와 같은 제도가 있나?

근로자의 예측하지 못한 목돈수요에 대비하여 중도인출제를 두고 있다. 단 중도인출제는 확정기여형에만 적용되며 ▲무주택 가입자가 주택을 구입 ▲가입자 또는 그 부양가족이 6개월 이상 요양 ▲기타 천재·사변 등 일정사유 발생시에만 허용된다. 퇴직연금은 또 담보대출도 허용된다. 이는 확정급여형 및 확정기여형 모두 가능하나 중도인출과 동일한 사유가 있어야 하며 허용 금액은 예상급여액의 50% 범위내이다.

10. 소득공제 혜택은 얼마나 받을 수 있나?

퇴직연금 중 확정기여형의 경우 근로자가 부담한 부분에 대해서도 소득공제혜택을 주고 있다. 즉 개인연금보험과 퇴직연금을 합친 금액을 300만원 한도에서 소득공제하는 세제혜택을 준다. 퇴직연금을 연금으로 수령할 때에는 국민연금, 개인연금 등 다른 연금소득과 합산하여 연간 600만원 이상인 경우 종합과세를 한다. 즉 퇴직연금을 포함한 총 연금액에서 소득공제분을 제외한 나머지 부분에 대해 소득세율(8~35%)을 적용하여 세액을 산출한다. 예를 들어 2001년 1월부터 판매된 연금보험에 가입한 김재무씨는 현재 연봉 3,000만원을 받고 있

다. 그가 2006년 연말정시 퇴직연금을 통해 받을 수 있는 세액공제액
은 얼마나 될까. 퇴직연금에 대한 세액공제 대상은 2006년 1월부터 12
월까지 총 12개월(월 20만원) 동안 납입한 240만원(300만원 한도 내)이
다. 따라서 김씨는 240만원에 대해 근로소득세(16.8%)와 주민세(1.9%)
를 제한 총 44만원(= 240만원 × 18.7%)을 돌려받을 수 있다. 다만 중도
해지시에는 중도해지액 및 일시금을 기타 소득으로 보아 소득세를 과
세한다. 특히 5년 이내 중도해지시에는 연간 납입보험료 누계액(연간
300만원 한도)의 2%를 가산세로 부과하기 때문에 주의가 필요하다.

자료 : 노동부 발간 '알기쉬운 퇴직연금제'

▌풍요로운 노후를 위한 선택 − 개인연금

풍요로운 노후를 보내기 위해서는 국민연금, 퇴직연금과 함께 개인
연금도 반드시 가입해야 한다. 개인연금은 판매시기와 세제에 따라 세
가지로 나뉜다. 개인연금제도가 처음 도입된 1994년부터 설정된 옛 개
인연금은 10년 이상 유지하면 이자소득이 비과세되고 연간 저축금액
의 40%(최고 72만원)만큼 소득공제를 받을 수 있다. 2000년 7월부터는
장부가격으로 평가되는 옛 개인연금과 달리 매일 시세에 따라 수익률
이 변동되는 상품이 나왔는데 '신개인연금' 이라고 부른다.

2001년부터는 이들 두 상품의 판매가 중단되고 새 개인연금 상품인
'연금저축' 이 출시됐다. 소득공제가 연 저축금액의 300만원까지로 많
아졌지만 연금을 받을 때 5.5%로 과세된다.

또 운용기관이나 판매 주체에 따라 개인연금은 ▲보험회사의 연금보
험 ▲은행권의 연금신탁 ▲증권 · 자산운용사의 연금펀드로 나뉜다. 보
험사의 연금상품은 확정금리이거나 금리 연동형이며 은행의 연금상품

[(옛)개인연금보험과 (신)개인연금보험의 차이점 비교]

	(옛)개인연금보험	(신)개인연금보험	비고
소득공제 범위 및 한도	연간저축액의 40%까지 (최고 72만원)	연간저축액의 100%까지 (최고 300만원)	공제한도 상향
가입연령	만 20세 이상	만 18세 이상	가입연령 확대
연금 수령	연금수령시 비과세	연금수령시 연금소득 과세(5.5%)	연금소득 과세
계약이전	합병 등의 경우만 이전 가능	금융기관 제한 없이 이전 가능	계약이전 자유

은 채권형과 안정형 두 가지다. 안정형은 주식을 편입할 수 있지만 전체 자산의 10%를 넘지 못하게 돼 있다. 증권사의 연금상품은 상대적으로 다양하다. 채권형은 물론 혼합형(채권+주식)과 주식형도 있다.

그렇다면 현재 수익률은 어떨까. 은행의 옛 개인연금신탁은 모두 채권형으로 2007년 7월 현재까지 연평균 배당률은 7~9%다. 하지만 이는 90년대 두자릿수 고금리에 힘입은 것으로 2000년대에 들어서면서 수익률이 급격히 떨어져 최근 3년간은 평균 시중금리에도 못미치는 3%대의 수익에 머물러 있다. 신개인연금신탁 채권형도 지난해와 올해 배당률이 4%를 넘는 상품이 하나도 없다. 연금신탁은 일부 안정형만 올 들어 7%대 수익을 기록하고 있을 뿐이다.

반면 자산운용사의 50억원 이상 58개 연금펀드의 설정 이후 평균 누적수익률은 72%를 올린 것으로 나타냈다. 개별 펀드로는 2001년 설정된 푸르덴셜의 '푸르덴셜연금주식KM 1', 하나UBS의 '하나UBS인베스트연금주식S-1', 한국운용의 '골드플랜연금주식A-1' 등의 누적수익률은 모두 250%가 넘는 수익률을 기록했다.

주식전망이 밝다면 은행 개인연금에 가입한 투자자도 '계약이전' 제도를 활용하면 증권사 연금펀드로 갈아탈 수 있다. 계약이전제도는 개인연금 상품의 가입기간이 10년 이상이라는 점을 감안해 2001년 3월

[주요 연금저축펀드 수익률 현황]

펀드명	운용사	설정일	설정액(억원)	설정 이후(%)
푸르덴셜연금주식KM 1	푸르덴셜	20010201	145	288.07
하나UBS인베스트연금주식S-1	하나UBS	20010201	823	281.77
골드플랜연금주식A-1	한국운용	20010131	995	260.69
개인연금혼합 S- 4	하나UBS	19960924	60	220.86
신영연금주식혼합 1	신영	20010214	113	217.83
개인연금주식 4	한국운용	19960924	65	210.82
개인연금주식혼합모S-1	하나UBS	20000701	683	182.21
하나UBS인베스트연금혼합S-1	하나UBS	20010205	185	178.28
개인연금주식혼합모신탁	한국운용	20000701	860	168.01
KM신종개인연금성장혼합A-1	한국운용	20001230	577	118.40

자료 : 한국펀드평가
* 기준일 2007.12.31 (설정액 50억원 이상)

부터 시행됐다. 이 제도를 활용하면 소득공제 등 세제상 불이익이 없이 원리금을 다른 금융기관으로 옮길 수 있다. 다만 가입한 지 5년이 지나지 않았으면 이익금의 일부를 중도해지 수수료로 뗀다. A은행 개인연금을 B증권사 연금펀드로 이관하려면 먼저 B증권사를 방문해 통장을 개설한 뒤 A은행을 찾아가 계약이전 신청을 하면 된다. 보통 4일 정도 걸린다.

2001년부터 판매되고 있는 연금저축은 중도해지 수수료 없이 금융기관을 옮길 수 있다. 하지만 연금저축은 지금도 가입할 수 있기 때문에 계약이전 절차가 귀찮다면 그냥 추가로 계좌를 트면 된다. 단 분기별로 300만원을 넘지 못하므로 먼저 가입했던 금융기관의 불입한도를 줄여 놓아야 한다. 예를 들어 A은행 연금저축 불입한도를 100만원으로 축소시켜 놓은 뒤 B증권 연금펀드에 분기별로 200만원을 넣을 수 있다. 일부 증권사 상품은 연금펀드 자체 안에서 유형별로 갈아탈 수도 있다.

　계약이전제도와 달리 만기연장제도는 여전히 경제활동을 하고 있거나 은퇴를 했더라도 경제적인 여유가 있는 사람에게 유리하다. 비과세 혜택이 주어지고 금융소득종합과세에서 제외되기 때문이다. 소득공제 금액은 신개인연금보험의 경우 연간 300만원, 옛개인연금보험은 연간 72만원까지 가능하다. 신개인연금보험이 옛 개인연금보험에 비해서 소득공제 혜택한도가 높지만 연금을 지급받을 때 5.5%의 연금소득세가 부과된다.

내게 맞는 개인연금 활용법

'구슬이 서말이어도 꿰어야 보배'라는 말이 있다. 이는 아무리 좋은 보물이어도 정성껏 다듬어야 진정한 가치를 인정받을 수 있다는 속담이다. 개인연금도 마찬가지다. 아무리 많은 개인연금과 관련된 지식을 알아도 활용을 하지 않으면 아무 쓸모가 없다. 연령대별로 개인연금 활용법을 살펴보도록 하자.

20~30대는 개인연금 가입을 통해 복리효과를 톡톡히 누릴 수 있는 세대다. 따라서 20~30대는 직장에 취직하면서 바로 개인연금의 세제혜택이 주어지는 최소한도(매월 25만원) 이상 가입하면 좋다. 특히 55세 이상 꾸준하게 투자해야 한다. 아울러 젊은 세대는 확정금리형, 원금보장형, 채권형과 같은 안정적인 상품보다는 주식형 펀드처럼 주식투자비중이 높은 상품을 선택하는 것이 바람직하다. 연금상품은 투자기간이 수십년에 달하는 초장기상품이므로 안정성보다는 수익성을 강조하는 상품에 가입하는 것이 좋다. 투자위험이 걱정되지만 장기간 적립식으로 투자하기 때문에 위험을 줄일 수 있다.

40대는 연금투자의 마지막 기회이다. 연금상품에서 높은 수익률을 올리기 위해서는 최소한 10년 이상 투자해야 하므로 40대는 이를 확보할 수 있는 마지막 세대로 볼 수 있다. 따라서 개인연금상품을 찾아보고 기대수익률이 높은 주식형 상품에 투자하거나 기존의 자산을 이쪽으로 전환해 적립식효과를 극대화한다.

50대는 투자자금을 연금화해야 하는 연령이다. 따라서 은퇴 후 필요한 노후생활비의 80% 이상이 연금상품에서 나올 수 있도록 현재 보유 중인 각종 투자자금을 연금용 자산으로 전환해야 한다. 투자용 부동산의 매각자금, 펀드나 예금과 같은 금융상품 보유액을 현금화하여 연금보험상품에 넣어야 한다. 은퇴 후 매월 현금이 유입되어야 하기 때문이다. 고령이 되어 치매, 뇌졸중과 같은 노인성 질환에 걸리거나 거동이 불편해지더라도 연금상품에서 고정적으로 나오는 수입으로 생활할 수 있어야 한다.

2 변액보험을 활용한 은퇴설계

| 변액보험의 최대무기 '절세 · 복리효과'

변액보험은 다른 보험상품에 비해 운용구조가 어렵고 복잡한 상품이다. 따라서 변액보험판매자격증을 소지한 전문재무설계사가 제대로 설명을 해주지 않는 한 가입자는 변액보험의 구조에 대해 이해하기 힘들다. 변액보험의 가장 큰 특징은 보험과 투자가 결합된 복합금융상품(또는 퓨전금융상품)이라는 점이다.

기존 보험상품은 가입자가 상해, 질병, 사망시 보장받는 금액을 명시해놓고 있지만 변액보험은 '최소보장금액+∝'을 제시한다. 이를 이해하기 위해서는 변액보험의 운용구조를 이해해야 한다.

변액보험은 가입자가 낸 납입보험료를 두 개의 주머니로 나누어 적립 또는 운용한다. 예를 들어 가입자가 매월 20만원을 납입한다면 이중 14만원은 적립주머니(일반계정)로, 나머지 6만원은 운용주머니(특별계정)로 각각 나눈다. 적립주머니는 가입자가 상해, 질병, 사망시 보험사가 내줄 수 있는 최소한의 '보장금액'을 위한 것이다.

운용주머니는 가입자가 받을 수 있는 최소보장금액에 '+∝'을 더

주기 위해 보험사가 자산운용사에 위탁해 가입자의 돈을 굴려주는 곳
이다.

쉽게 말해 변액보험 가입자는 보험도 가입하고 펀드에도 투자한다고
생각하면 된다. 그렇다면 변액보험은 왜 이같은 복잡한 구조로 만들어
졌을까? 이는 기존 보험상품이 보험금의 수령시점에서 물가상승률에
따른 화폐가치 하락을 보존할 수 없기 때문이다. 만약 김씨가 30세에
암진단 및 수술시 5,000만원의 보험금을 주는 암보험에 가입했다고 가
정하자. 김씨가 50세에 암에 걸려 보험금을 받게 된다면 암보험약관에
명시된데로 5,000만원의 보험금을 수령하게 된다.

하지만 20년 동안 지속적으로 오른 물가상승률 때문에 암 수술비는 턱
없이 부족하게 된다. 물론 국가에서 어느 정도의 지원이 이루어지겠지만
암 투병에 따른 여러 가지 비용까지는 충당할 수 없을 것이다. 변액보험
은 바로 이러한 기존 보험상품의 맹점인 물가상승률에 따른 화폐가치 하
락을 보존할 수 있다는 개념으로 탄생하게 되었다. 이같은 변액보험의
기본 구조는 우리나라에서 처음 만들어진 것이 아니라 투자문화가 발달
되어 있는 선진국에서는 이미 오래 전부터 활성화되고 있는 상품이다.

변액보험의 가장 큰 장점은 10년 이상, 즉 장기투자시 수익성을 증
폭시킬 수 있는 복리효과를 볼 수 있을 뿐 아니라 투자차익에 대해서는
세금이 부과되지 않는다. 예를 들어 원금 1,000만원을 연 10%의 금리
를 주는 금융상품에 투자한다고 가정하자. 최초 1년차에는 1,000만원
원금에 100만원의 이자가 붙는 것은 단리와 차이가 없다. 하지만 2년
차부터는 금액의 차이가 발생하게 된다. 이렇게 10년을 투자하고 나면
단리상품은 2,000만원인 반면 복리상품은 2,590만원으로, 그 차이는
600만원에 육박한다.

[단리와 복리]

　　이자 계산에서 단리는 원금에 대해서만 약정된 이자율과 기간을 곱해서 이자를 계산하는 방법이다. 반면 복리는 일정기간마다 이자를 원금에 합쳐 그 합계금액에 대한 이자를 다시 계산하는 방법이다.

　　다시 말해 단리계산은 원금에 대해서만 이자가 붙고 복리계산은 (원금 + 이자)에 이자가 붙는 것이다. 복리계산이 이자가 훨씬 많이 붙을 것은 자명한 일이다.

　　단리와 복리 계산을 일반화된 수식으로 표현하면 다음과 같다.

　　▷ 단리 : $S = A(1+rn)$

　　▷ 복리 : $S = A(1+r)^n$

　　(S : 원리금 합계, A : 원금, r : 이자율, n : 기간)

　　예를 들어 연리 10%짜리 3년 만기 정기예금의 경우 단리로 계산하면 만기시 1,300만원을 손에 쥐게 된다. 1,000만원 + (1,000만원 ×

[복리와 단리에 따른 원리금 변화]

(단위: 원)

경과연수	수익률 10%		
	경과연수에 따른 원리금		
	복리	단리	차이금액
1	11,000,000	11,000,000	–
2	12,100,000	12,000,000	100,000
3	13,310,000	13,000,000	310,000
4	14,641,000	14,000,000	641,000
5	16,105,100	15,000,000	1,105,100
10	25,937,425	20,000,000	5,937,425
15	41,772,482	25,000,000	16,772,482
20	67,274,999	30,000,000	37,274,999
25	108,347,059	35,000,000	73,347,059
30	174,494,023	40,000,000	134,494,023

10% ×3) = 1,300만원

반면 복리계산법을 따르면 만기시 1,331만원을 받는다.

[1,000만원 + (1,000만원 × 10%) + (1,100만원 ×10%) + (1,210

만원 ×10%) = 1,331만원]

따라서 아래 표와 같이 장기간 투자할수록 복리의 힘은 상상을 초월

하게 된다. 물론 수익률이 높다면 금상첨화일 것이다.

변액보험의 최대 장점인 비과세 혜택도 아주 매력적이다. 예를 들어 최초 투자원금 1,000만원을 연 복리수익률 10%에 투자했을 때 세금이 과세되지 않았을 때와 투자수익에 대해 15.4%(이자소득세 14% + 주민세 1.4%)의 세금이 부과되었을 때의 차이는 크다. 따라서 10년 이상의 장기투자시 세금문제에 각별히 신경을 써야 한다. 변액보험 가입 후 10년 이상(변액보험 상품에 따라 약간의 차이가 있음) 유지하게 되면 변액보험의 투자차익에 대해서는 전액 비과세된다. 10년 이내에 적립금이 필요하여 중도인출을 하더라도 계약만 10년 이상 유지된다면 중도인출 금액에 대해서도 비과세를 적용한다.

변액보험의 종류는 재무목표에 따라 위험보장용 상품과 노후자금 마련용 상품으로 구분되며 세부적으로는 5가지로 나누어진다.

▶ 변액종신보험

종신보험은 보험가입자에게 평생동안 사망시 보험금을 지급해주는 보험을 말한다. 변액종신보험은 종신보험에서 가입자 사망시 지급하는 사망보험금이나 해약시 지급하는 환급금을 투자실적에 따라 증가시킬 수 있도록 하는 상품이다. 즉 사람이 매달 내는 보험료 중 일부분을 주식이나 채권에 투자해서 얻은 수익으로 사람이 사망할 때 좀더 많은 보

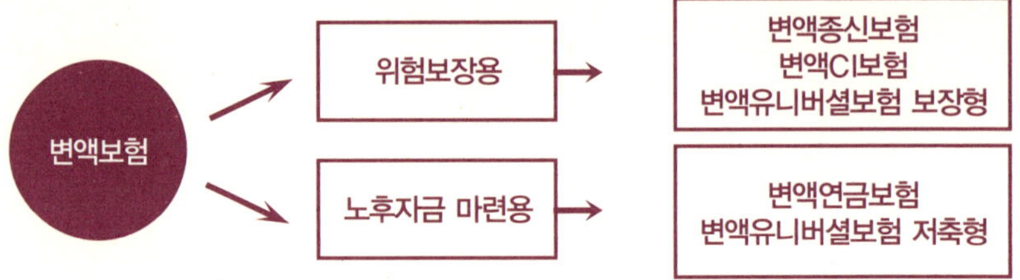

험금을 받을 수 있도록 투자를 가미한 종신보험이다. 일반 종신보험은 유사시 받는 보험금이 보험사가 미리 정한 이율('예정이율'이라고 함)로 증식되어가지만 변액종신보험은 투자상품의 수익률에 의해 변화하게 된다.

▶ 변액CI보험

'CI'란 '치명적인 질병(Critical Illness)'을 의미한다. CI보험이란 보험에 가입한 사람이 중병에 걸리게 되면 사망보험금의 일부분을 살아 있을 때 미리 받을 수 있는 보험이다. 종신보험은 보험가입자가 사망해야 비로소 사망보험금이 나오지만 CI보험은 사망 전에 미리 일부 사망보험금을 찾아서 쓸 수 있다는 특징이 있다. 물론 보험가입자가 사망하게 되면 미리 지급한 돈을 제외한 사망보험금을 지급해준다. 변액CI보험이란 변액종신보험과 동일하게 보험가입자가 매달 내는 보험료 중 일부분을 주식이나 채권에 투자해서 얻은 수익으로 사람이 사망할 때 좀더 많은 보험금을 받을 수 있도록 투자를 가미한 CI보험을 의미한다.

▶ 변액연금보험

연금보험은 사람이 정한 나이부터 매달 연금을 지급하는 보험을 말

한다. 변액연금보험이란 사람이 매달 또는 일시금으로 내는 보험료를 주식, 채권 등과 같은 투자상품으로 운용하여 얻은 수익을 나중에 연금 지급시 지급하는 투자형 연금상품을 의미한다. 변액연금보험에 가입한 사람들은 자신의 성향에 의해 주식형, 채권형, 혼합형과 같은 투자대상을 미리 정하게 된다. 물론 투자 도중에 주식형에서 채권형으로 왔다 갔다 하는 펀드 변경을 해도 된다.

▶ 변액유니버셜보험

변액유니버셜보험은 변액종신보험을 발전시킨 '변액유니버셜보험 보장형'과 변액연금을 발전시킨 '변액유니버셜보험 저축형'으로 구분된다. 이때 '유니버셜'이란 매월 내는 보험료를 줄이거나 늘일 수 있다는 것을 의미한다. 다시 말해 가입자의 자금사정이 어려워지면 보험료 납입을 줄이거나 중단할 수 있다. 반면 가입자의 자금사정이 좋아지면 보험료 납입을 늘이거나 목돈을 추가로 넣을 수도 있는 기능을 유니버셜이라고 한다. 변액유니버셜보험은 사람이 낸 보험료 중 일부분을 주식이나 채권에 투자하여 얻은 수익으로 나중에 연금이나 사망보험금을 늘리고자 하는 투자형 연금상품이다. 이때 유니버셜기능을 사용하여 보험가입 기간 도중에 필요한 만큼 목돈을 찾아쓸 수도 있고(중도환매) 갑자기 생긴 돈을 추가로 납입할 수 있다. 변액유니버셜보험에 가입한 사람들은 자신의 성향에 의해 주식형, 채권형, 혼합형 등과 같은 투자 대상을 미리 정하게 된다. 물론 투자 도중에 주식형에서 채권형으로 왔다 갔다 하는 펀드 변경을 해도 된다.

위에서 설명된 변액보험은 가입자의 재무목표에 따라 달리 선택되어야 한다. 조기사망으로 인한 위험을 관리하기 위한 변액보험은 변액종신보험이나 변액유니버셜보험 보장형, 변액유니버셜보험 적립형 모두 가능하다. 변액종신보험이나 변액유니버셜보험 보장형은 변액유니버셜보험 적립형에 비해 위험보험료가 상대적으로 안정적이므로 자녀가 늦게 독립하거나 배우자에 대한 보장기간을 길게 가져갈 수 있는 장점이 있다. 장기생존으로 인한 위험을 관리하기 위한 변액보험은 변액연금보험과 변액유니버셜보험 적립형을 활용하면 된다. 다만 변액유니버셜보험 적립형만으로 노후준비를 하는 것은 바람직한 방법이 아니다. 변액유니버셜보험 적립형의 경우 자연식보험료방식(연금지급 시점에서의 생명표 적용)이 적용되기 때문에 연령이 높아질수록 위험보험료가 부담이 되어 상품을 계속 유지하기가 어려워질 수 있기 때문이다.

변액연금보험을 활용한 노후자금 마련

투자와 함께 장수리스크에 대한 대비를 하고자 하는 투자자라면 변액연금보험에 관심을 가져볼 만하다. 변액연금은 비슷한 목적으로 사용되는 변액유니버셜보험 적립형보다 낮은 금액의 최소 사망보험금 가입이 가능하므로 위험보장보다는 연금자금 마련 기능에 초점을 두고 있다. 이는 연금 계산시 적용하는 생명표가 각각 다르기 때문이다. 즉 변액연금은 고객이 보험에 가입할 당시의 생명표를 적용하는 반면 변액유니버셜보험 적립형은 연금지급 시점에서의 생명표를 적용한다. 이렇게 되면 같은 금액을 적립한 경우라도 고령화 현상이 반영된 생명표(변액유니버셜보험 적립형)와 고령화 현상이 덜 반영된 생명표(변액연금)간의 지급액 차이가 발생할 수 있다.

변액연금보험의 특성

- 변액연금은 노후 생활자금 마련을 주목적으로 하는 연금상품이다.
- 최소한 10년 이상 보험료를 적립할 것을 가정해야 한다.
- 만약 불가피한 이유로 보험료 납입을 중단하면 변액연금 계약의 효력은 상실된다.
- 해약환급금은 납입연수에 따라 변화하며 지나치게 일찍 해약하게 되면 해약환급금이 없는 경우도 생긴다.
- 변액연금의 만기 후 타는 금액은 보험료 납입기간 중의 주가, 채권가격 등의 자본시장 동향에 의존하면서 결정된다. 따라서 변액연금 가입 전에 만기에 타는 금액을 정확하게 알 수 없다.
- 변액연금은 가입시 주식형, 주식혼합형, 채권혼합형, 채권형, MMF형, 해외혼합형 중에서 투자해야 할 상품을 선택해야 한다.
- 변액연금 가입 후 일정한 기간이 지나면 주식형, 주식혼합형, 채권혼합형, 채권형, MMF형, 해외혼합형 간에 상품 변경이 가능(펀드 변경)하다.
- 변액연금을 포함한 변액보험은 3개월이나 6개월과 같이 미리 정해진 기간별로 주식, 채권투자 비중을 조정하는 자동재분배 기능이 있는 경우도 있다.

변액연금의 가장 큰 특징은 물가상승에 따른 화폐가치 하락을 대비할 수 있다는 점이다. 이를 위해 보험사는 가입자가 매월 납입하는 보험료에서 일정 액수를 떼내어 자산운용사에 맡기게 된다. 자산운용은 간접투자상품인 펀드를 이용해 하기 때문에 수익률은 어느 누구도 장담하거나 제시할 수도 없다. 미래의 수익률을 예상하지 못함에도 불구하고 변액연금의 인기는 갈수록 높아지고 있다. 실제로 2007년 1월 현재 변액보험의 특별계정(펀드로 운용되는 일부 자산) 자산 총액은 19조원(생명보험협회, 2007년 1월 기준)을 넘어섰다. 최근 3개월 동안 2조원(11.72%) 이상 늘어난 수치이다. 이 같은 자금 유입은 변액연금이 노후

[변액연금 · 펀드의 수수료 비교]

	변액연금	펀드
판매보수	신계약비, 수금비, 유지비 등 (선취 판매수수료 방식으로 납입보험료의 약 10% 정도를 먼저 차감)	펀드의 순자산 평가액에서 매일 연간 0.5~1.8% 정도를 부과 후 3개월마다 인출(판매수수료를 펀드로 내는 경우는 많지 않다)
운용보수	특별계정에 맡겨진 자금의 평가액에서 매일 연간 0.5~1%를 부과 후 3개월마다 인출(펀드와 동일)	펀드의 순자산 평가액에서 매일 연간 약 0.5% 정도 부과 후 3개월마다 인출(변액연금과 동일)
수탁보수	특별계정에 맡겨진 자금의 평가액에서 매일 연간 0.5% 정도 부과 후 3개월마다 인출(펀드와 동일)	펀드의 순자산 평가액에서 매일 연간 약 0.5% 정도 부과 후 3개월마다 인출(변액연금과 동일)

를 효과적으로 준비할 수 있는 금융상품이라는 인식이 확산된 측면이 강하다. 즉, 만기 시점의 환급금이 고정되어 있는 종신보험은 30~40년 후의 화폐가치 하락의 위험을 감당할 수 없지만 변액연금은 자산운용을 통해 만기시점의 화폐가치를 보존할 수 있다. 여기에다 종신보험이 가지고 있는 사망과 질병에 대한 보장기능도 추가할 수 있기 때문에 일석이조의 효과를 누릴 수 있다.

변액연금의 특징을 하나씩 꼼꼼히 살펴보면 다음과 같다.

첫째, 변액연금은 가입자에게 최저연금적립금을 보장해준다. 이는 특별계정의 투자성과가 저조해 투자원금에 미달하는 경우 연금개시시점까지 유지할 때는 원금을 수령할 수 있다. 둘째, 변액보험은 펀드와 달리 보장기능이 있다. 적립식 펀드나 연금신탁에는 없는 사망보험금을 제공한다. 변액연금의 피보험자가 연금 수령 전에 사망하는 경우 펀드수익률에 따라 사망보험금을 지급한다. 펀드 실적이 아무리 나빠도 최저사망보험금은 지급받을 수 있다. 셋째, 변액연금도 개인연금처럼 세제혜택이 있다. 변액연금을 10년 이상 유지(상품마다 다소 차이가 있음)할 경우 변액연금에서 발생하는 투자수익에 대한 세금을 면제받을 수 있다. 넷째, 연금개시 이후 지급되는 연금은 연금지급 이후 공시이율을 반영하여 계산을 하므로 안정적으로 연금을 수령할 수 있다.

변액연금이 노후 준비에 만병통치약은 아니다. 변액연금을 가입할 때는 몇 가지 주의를 해야 한다. 첫째, 변액보험은 원금보장 상품이 아니다. 연금보험이나 연금신탁처럼 예금자보호의 대상이 되지 못한다. 다시 말해 펀드와 같은 실적배당 상품으로 언제든지 원금 손실의 위험이 있다. 둘째, 변액연금과 펀드를 같은 구조의 상품으로 오해해서는 안된다. 변액연금과 펀드는 자산 운용구조는 동일하지만 수수료 구조가 다르다. 변액연금의 판매수수료는 선취방식이고 펀드판매수수료는 대부분 후취로 부과한다. 게다가 변액연금은 피보험자 사망시 사망보험금의 지급과 보험설계사의 수당 지급에 따라 변액연금을 만기 전에 해약을 하게 되면 원금의 절반 이상을 기대하기 어렵다. 이는 판매 수수료 부과방식과 변액연금의 환급금 적립방식의 차이로 인해 실제 적립액의 차이가 발생하기 때문이다. 따라서 상품 가입 전에 투자목적 · 투자방법 등을 분명히 정한 다음 변액연금에 가입할 것인지, 펀드를 선택할 것인지를 꼼꼼히 따져보아야 한다.

[변액보험에 대한 궁금증 7가지]

1. 변액보험을 중도에 해약하면 얼마나 해약환급금을 받을 수 있나

해약환급금이란 보험계약의 효력을 상실하거나 해약하게 될 때 고객이 타게 되는 금액을 말한다. 좀더 구체적으로는 계약자 적립금에서 해약공제액을 차감한 후의 금액을 해약환급금이라고 한다.

[해약환급금의 계산공식]

해약환급금 = 계약자 적립금 − 해약공제액

계약자 적립금이란 고객이 낸 보험료 중 특별계정(펀드)에 투입된 자금으로 주식과 채권과 같은 펀드를 통해 운용한 결과 얻은 자금을 말한다. 해약공제액이란 보험사가 고객의 납입보험료 중 일부분을 사업비로 사용한 것을 말한다. 따라서 계약자 적립금이 적게 쌓인 경우 일정한 해약공제액을 차감하게 되면 해약환급금이 매우 작아지게 된다. 그래서 변액보험의 경우 가입 후 중도에 환매를 하게 되면 돌려받는 돈, 즉 해약환급금이 납입원금에 못미치는 경우가 생겨난다.

2. 사망보험금은 최소한 얼마나 보장이 되나

변액보험은 보험의 고유기능인 보장을 제공하기 위해 사망보장에 대해 최저보증하는 제도를 두고 있다. 특별계정의 운용실적에 관계없이 보험료가 계속 투입되는 한 사망보장에 대해서는 가입시 설정한 보험가입금액을 최저보증한다. 사망보장에 대한 최저보증을 하기 위해서 보험회사는 가입자의 적립금으로부터 일정한 비율의 최저사망보증 비용을 차감하는데 가입시 확인해두어야 한다. 변액보험의 최저보증은 사망보증뿐만 아니라 변액연금의 연금지급준비금에 대해서도 적용된다. 변액연금에 가입하고 연금개시 시점까지 보험계약을 유지하면 계약자가 납입한 보험료의 일정비율을 최저 연금지급준비금으로 보장해주는 제도이다. 최저보증해주는 일정비율은 회사마다 상품마다 차이가 있다. 납입한 보험료 100% 전액을 해주는 것이 일반적이지만 그렇지 않은 회사와 상품도 있으므로 주의해야 한다. 최저사망 보증비용과 마찬가지로 최저연금 적립금 보증비용도 계약자의 적립금에서 차감하기 때문에 보증비율도 확인해야 한다.

3. 수익률이 좋지 않으면 납입중지나 중도인출을 해야 하나

변액보험 가입 후 수익률이 좋지 않아 해약하는 등 납입을 중지할 때는 신중을 기해야 한다. 변액보험은 특히 사업비가 초기에 많이 차감되기 때문에 중도해약시 일반 보험에 비해 손해가 더 크다. 따라서 납입중지 또는 해약은 경제적인 이유 때문에 납입을 할 수 없을 때에

만 고려하는 것이 바람직하다.

4. 주가 하락시에는 변액보험의 위험관리를 어떻게 해야 하나

변액보험 중 주식형이나 혼합형과 같이 주식 투자비중이 높은 상품의 경우 주가가 하락하면 납입한 보험료의 투자수익률이 악화된다. 이 경우 중간에 자신의 수익률을 확인해보면 마이너스(-) 상태를 벗어나질 못하고 있을 것이다. 투자지식이 부족한 투자자들은 수익률이 악화되면 공포에 질려 환매를 서두른다. 하지만 주식펀드에 대한 장기적인 투자방법인 적립식 투자의 '매입단가 하락효과'를 이해한다면 주가 하락에도 불구하고 아무런 문제없이 투자를 지속할 수 있다. 따라서 주가 하락시에 가능하면 주식펀드의 매입액을 줄이거나 중도 환매하는 위험관리를 해서는 곤란하다. 오히려 주가 하락에도 불구하고 장기간 투자를 지속하는 태도가 적극적인 위험관리 방법이 될 수 있다.

5. 펀드 변경은 어떻게 하는 것이 가장 좋은가

펀드 변경이란 변액보험 내에 쌓여 있는 고객의 적립금에 대한 투자방법을 변경하는 것을 말한다. 이때 고객들은 자신들의 의사에 의해 1년에 열두 차례와 같이 정해진 회수 내에서 주식형, 채권형, 혼합형들을 대상으로 투자방법을 변경할 수 있는 선택권을 가지게 된다. 하지만 펀드매니저나 애널리스트와 같은 전문가들도 미래의 주가나 채권가격을 정확하게 예측하기란 불가능하다. 하물며 일반 투자자들이나 재무설계사들이 미래의 가격변화를 정확하게 예측하여 펀드 변경을 한다는 것 자체가 비논리적이다. 정교하게 1년에 몇 차례씩 펀드 변경을 통해 수익률을 높인다는 방법은 가능하면 사용하지 않는 것이 신중한 투자방법이다. 특히 변액보험에 가입한 지 얼마 되지 않는 경우에는 사용하지 않는 것이 바람직하고, 투자기간 말에 가서는 펀드 변경을 통해 수익률을 고정시키거나 투자위험을 줄이는 것은 바람직하다. 펀드 변경은 함부로 사용해서는 안 되는 리스크 관리방법인 셈이다.

6. 변액보험 추가납입금에 대해서도 사업비를 떼나

　　변액보험은 일정 기간 납입유지기간만 지나면 추가납입을 할 수 있다. 변액보험에 추가납입되는 보험료에 대해서도 사업비 명목으로 일정비용을 제하고 특별계정에 투입된다. 보험사마다 차이가 있지만 추가납입보험료의 약 95~97% 정도가 펀드로 투입된다. 또한 추가납입보험료에 대해 설계사에게 일정 부분 사업비(커미션)를 지급하는 회사도 있고 지급하지 않는 회사도 있다.

7. 보험료 납입을 못하면 효력이 상실되나

　　가입자가 보험계약을 계속 유지하기 위해서는 보험료를 의무적으로 납입해야 한다. 대부분의 보험계약은 보험계약자가 보험료를 납입해야 하는 의무기간이 '보험료 납입기간' 으로 정해져 있다. 10년납, 60세납 등은 보험계약을 시작하고 몇 년까지 납입해야 하는지 아니면 피보험자의 연령이 몇 세에 도달할 때까지 납입해야 하는지를 알려주는 표현방식이다.

　　변액유니버셜보험 적립형의 경우에는 보험료 납입기간이 '전기납' 으로 되어 있다. 전기납이란 보험의 보장기간이 만료되는 시기까지 보험료를 납입해야 한다는 뜻이다. 일반적인 변액유니버셜보험의 경우 보장기간은 '종신' 이다. 그렇다면 평생 보험료를 납입해야 한다는 뜻일까. 원칙상으로는 그렇다. 변액유니버셜보험의 특성상 적립금에서 위험보험료나 사업비가 빠져나가기 때문에 적립금이 바닥이 나지 않는 이상 보험료를 추가로 납입하지 않아도 계약은 유지된다.

　　예를 들어 변액유니버셜보험의 전기납은 평생토록 보험료를 납입할 수 있다는 뜻으로 받아들여도 된다. 유니버셜보험의 가장 큰 장점이 보험료 납입의 유연성이다. 하지만 보험가입 초기에는 적립금이 많이 쌓이지 않은 상태에서 보험료 납입이 중단되면 보험계약의 효력이 상실될 수도 있다. 이러한 현상을 막기 위해 보험사에서는 보험료 납입이 자유로운 변액유니버셜보험의 경우에는 최소한의 의무납입기간을 설정해두고 있다.

보험료의 최소의무납입기간은 회사마다 다르다. 보험계약이 성립된 다음달부터 보험료 납입을 중지할 수 있는 회사도 있다. 18개월 혹은 24개월이 지나야 보험료의 납입을 자유롭게 할 수 있는 곳도 있다. 보험료 납입의 중단으로 인해 보험계약의 효력이 상실되었을 때 해당 보험계약을 다시 부활할 수 있는 상품도 있다. 보험계약의 효력 상실과 동시에 보험계약이 자동해지가 되어 보험계약을 다시 살릴 수 없는 상품도 있다는 것에 주의를 해야 한다. 따라서 변액보험 계약자는 최소의무납입기간 확인과 함께 효력 상실시에 대한 보험계약의 해지 여부도 동시에 확인해야 한다.

3 펀드를 활용한 은퇴설계

펀드는 변액보험보다 초기 비용이 매우 저렴하다. 변액보험은 일정 기간 동안(약 8~10년) 사업비와 펀드운용비용을 한꺼번에 떼가지만 펀드는 최초 가입시 부과되는 비용만 내면 되기 때문이다. 하지만 변액보험은 약 8~10년 동안 유지한 경우에는 사업비가 상각되어 기대수익률이 높아지는 효과를 볼 수 있는 반면 펀드는 운용이 지속되는 동안 일정한 비율의 비용을 가져가기 때문에 장기투자시에는 비용이 커진다는 단점이 있다. 또 펀드를 이용해서 자금을 마련하다 보면 은퇴시점에서 일시금으로 펀드를 환매할 수밖에 없어 연금상품으로 다시 갈아타야 하는 불편함도 있다. 이런 단점에도 불구하고 펀드는 수많은 펀드매니저들이 치열하게 경쟁하면서 운용하기 때문에 그 어떤 상품보다 높은 수익률을 기대할 수 있다. 그리고 상품의 종류가 다양하기 때문에 투자자들은 자신의 투자성향에 맞춰 입맛대로 상품을 선택할 수 있다. 이 같은 장점 때문에 펀드는 은퇴자금 마련을 위한 투자상품으로 많이 이용되고 있다. 은퇴설계에 적합한 펀드의 종류에 대해 살펴보도록 하자.

[펀드의 비용]

주식을 거래할 때 증권사에 거래수수료를 내는 것처럼 펀드도 비용
을 지불해야 한다. 펀드의 비용은 보수와 수수료로 구분된다. 대개 두
단어를 같은 것처럼 사용하지만 보수는 펀드의 운용과 관리를 위해 매
일 부과하는 비용을, 수수료는 한 번만 부과하는 비용을 말한다. 보수
및 수수료가 높으면 펀드의 투자수익률이 낮아지기 때문에 펀드투자
시에는 비용을 꼼꼼히 따져보아야 한다. 비용은 펀드의 종류에 따라
차이가 난다. 수익률이 높은 주식형펀드의 비용이 다른 유형의 펀드
보다 다소 높다. 이어 혼합형, 채권형, MMF 순으로 비용이 적게 부과
된다. 보수는 매일매일 순자산에 대해 해당비율만큼 연%로 차감하게
된다. 주식을 한 번 매매하면 0.5%(대략) 정도의 수수료(각 증권사마다
소폭 다름)를 내는 반면 펀드에서는 비용을 매일 계산해두었다가 3개월
이나 6개월마다 징구한다. 우리나라 펀드들은 이 방식을 가장 많이 사
용하고 있으며 이를 '판매보수' 방식이라고 한다. 판매보수는 펀드를
판매한 판매회사에게 돌아가며 펀드의 비용 중에서 가장 큰 비중을 차

[펀드의 비용]

구분		내용	수취방법
보수	운용보수	펀드운용의 대가	매일 펀드에서 수취
	판매보수	판매 및 계좌관리서비스 등의 대가	
	수탁보수	펀드재산의 보관·관리 및 운용감시 등의 대가	
수수료	판매수수료	펀드투자상담 및 계좌관리 서비스 등의 대가	판매 또는 환매시 일시에 고객이 지급
	환매수수료	일정기간 이전 환매시 부담하는 수수료	환매시 일시에 고객이 지급

* 이 밖에 유가증권 매매비용 및 회계감사비용 등 펀드관리를 위해 필요한 비용도 펀드가 부담하고 있음

[분기별 보수 산출내역]

(단위 : 원)

	순자산액	기준가 (분기8%)	펀드수익률	일간 미지급보수 (2.54%)	누적 미지급보수 (2.54%)	보수인출 (3개월)
2007-03-31	5,518,190	1,103.64	10.36%	384	32,560	32,560
2007-06-30	6,104,980	1,221.00	22.10%	425	36,792	36,792
2007-09-30	6,761,673	1,352.33	35.23%	471	41,174	41,174
2007-12-31	7,489,004	1,497.80	49.78%	521	45,603	45,603

* 순자산액 변동 = 설정좌수(10,000,000) × (기준가 / 1,000)
* 기준가 변동 = 1,000 × (1 + 10% / 90)
* 펀드수익률 변동 = (당일 기준가 / 1,000) − 1
* 일간 미지급보수 = 순자산액 × (2.54% / 365)

지한다. 펀드 매입시 지불하는 선취판매수수료를 받을 경우 보수는 그만큼 낮아지게 된다. 예를 들어 주식형 펀드 보수가 연 2.5%라면 선취판매수수료를 1% 받는 펀드의 총보수는 연 1.5% 정도 된다. 선취판매수수료는 현재 해외펀드들이 주로 부과하고 있다. 펀드에 부담해야 할 비용이 많다고 생각한다면 주식거래와 비교해보면 훨씬 저렴하다는 것을 알 수 있다. 주식거래는 매번 거래할 때마다 수수료가 부과되므로 부담이 만만치 않지만 펀드는 운용성과에 따라 일정 %의 비용을 내면 되기 때문이다.

　예를 들어 투자자 이씨는 투자자금 500만원을 펀드의 총비용이 연 2.54%(운용회사보수 연 0.63%, 판매회사보수 연 1.87%, 수탁회사보수 0.04%)인 주식펀드(3개월마다 보수 인출)에 2007년 1월 1일 거치식으로 투자했다. 이 펀드의 기대수익률은 연 8%로 가정한다. 이 경우 보수는 매일매일 순자산에 대해 해당비율만큼 연 %로 차감하게 되므로 투자가 이루어진 이후 3월 31일에 3만2,560원을 처음으로 떼이게 된다. 만약 김과장이 환매를 하지 않고 투자를 유지할 경우 6월 30일 3만6,792원, 9월 30일 4만1,174원, 12월 31일 4만5,603원 등이 빠져나가게 되어 연간 총 15만6,129원의 신탁보수를 물게 된다.

▶ 라이프사이클펀드

은퇴자금 마련을 위한 금융상품은 장기투자가 가능하면서 은퇴를 준비하는 투자자의 라이프사이클을 반영해야 한다. 즉 사회초년생인 김씨가 직장에 들어가 노후자금을 마련한다고 가정했을 때 김씨는 은퇴자금 이외에 결혼, 주택마련, 자녀교육자금 등이 추가로 필요하게 된다. 이러한 투자자의 라이프사이클을 반영하여 설계된 펀드가 '라이프사이클펀드(Life Cycle Fund)'이다. 라이프사이클펀드의 가장 큰 특징은 초기 가입시에는 주식투자 비중을 높여 공격적인 수익률을 추구하지만 시간이 지날수록 안정적인 채권자산으로 운용하게 된다. 이는 만기가 가까워지는 시점, 즉 가입자의 은퇴시점을 고려해 안정적인 수익률을 추구하는 운용스타일 때문이다. 예를 들어 30대 가입자의 경우 처음에는 주식투자 비중을 80% 정도로 투자하다 매년 주식 비중을 2% 정도씩 줄여가면 60세에는 채권 비중이 80%가 된다. 하지만 라이프사이클펀드는 투자자의 연령 변화에 따라 자동적으로 자산 비중을 주식에서 채권자산으로 이동하기 때문에 이같은 포트폴리오를 원하지 않는 투자자에게는 적합하지 않은 상품이 될 수 있다. 즉 채권자산의 비중이 80% 이상으로 이동하는 시점에서 투자자가 주식 비중을 50% 이상 유지하고 싶어도 펀드운용구조상 이를 변경하기가 쉽지 않다. 그럼에도 불구하고 라이프사이클펀드가 미국 등 선진국에서 각광받는 이유는 은퇴시점에서는 주식자산과 같은 공격적인 투자자산을 회피하려는 고령자의 투자심리가 반영되었기 때문이다. 따라서 라이프사이클펀드를 선택할 때는 자신의 은퇴자금 마련계획, 투자성향 등을 종합적으로 고려하는 것이 바람직하다.

국내에서 설정된 라이프사이클펀드는 약 50여 종으로, 설정액은 약

[라이프사이클펀드 운용 현황]

펀드명	운용사	설정일	설정액(억원)	설정이후(%)
삼성웰스플랜80주식 1	삼성	20021111	2,527.66	249.93
삼성웰스플랜65주식 1	삼성	20021111	550.56	183.29
삼성웰스플랜50혼합 1	삼성	20021111	605.67	114.48
삼성웰스플랜35혼합 1	삼성	20021111	277.27	79.94
미래에셋라이프사이클2030연금주식형자 1	미래에셋(자)	20051026	852.81	62.99
삼성웰스플랜20혼합 1	삼성	20021111	114.35	49.36
미래에셋라이프사이클3040연금혼합형자 1	미래에셋(자)	20051026	187.99	48.27
삼성웰스플랜30혼합 1	삼성	20041001	452.43	36.36
미래에셋라이프사이클4050연금혼합형자 1	미래에셋(자)	20051027	139.16	35.71

자료 : 한국펀드평가
주 : 1) 기준일 : 2007. 12. 31
　　2) 설정액 50억원 이상되는 라이프사이클펀드
　　3) 위에 제시된 펀드들은 투자시 참고자료로 활용되기 위해 제공되는 것이며 실제 투자시 투자손실에 대한 책임은 투자자에 있음을 명시함.

5,000억원에 이른다. 국내 운용사 중에서 가장 먼저 라이프사이클펀드를 출시한 삼성투자신탁운용의 '삼성웰스플랜80주식 1'는 2001년 11월 11일에 설정된 이후 2007년 12월 31일 현재 249.9%의 수익률을 올렸다.

▶ 정기분배형펀드

　고령사회를 앞두고 출시된 정기분배형펀드는 국내에서는 다소 생소한 펀드이다. 이 펀드는 고령화가 급속히 진행된 일본에서 인기가 많다. 주로 해외 국공채 등에 투자하고 매월 분배금을 지급하는 일본의 매월분배형펀드는 일본 내에서 금융자산을 가장 많이 보유하고 있는 60세 이상 연령층을 중심으로 투자기반이 확대되고 있다. 일본의 매월분배형의 규모는 2006년 말 현재 26조엔(공모투신의 36.0%)이며 격월 및 3개월 결산형까지 포함한 정기분배형의 규모는 33.5조엔(공모투신

[매월분배형펀드 개요]

	아이러브평생직장채권	칸서스뫼비우스블루칩주식
운용사	아이투신	칸서스자산운용
상품유형	채권형펀드	주식형펀드
투자대상	투자적격 채권 및 CP	대형 우량주 중심
분배금지급	매월 1회	매월 1회
가입방식	거치식	거치식
이자금액(연)	콜금리+0.25%p	투자원금의 8.4%

자료 : 각 운용사

[매월분배형펀드 운용 현황]

펀드명	운용사	설정일	설정액(억원)	설정이후(%)
아이러브평생직장채권 1	아이	20070102	66	4.77
아이러브평생직장채권 1ClassC1	아이	20070102	66	4.77
아이러브평생직장채권 2	아이	20070129	1,792	4.65
아이러브평생직장채권 2ClassC2	아이	20070129	1,792	4.65
아이러브평생직장채권 3	아이	20070723	673	1.74
아이러브평생직장채권 3ClassC 2	아이	20070723	673	1.74
칸서스뫼비우스블루칩주식 1	칸서스	20070105	387	37.66
칸서스뫼비우스블루칩주식 1ClassC2	칸서스	20070105	260	37.55
칸서스뫼비우스블루칩주식 1ClassC1	칸서스	20070227	77	29.55
칸서스뫼비우스블루칩주식 1ClassA 1	칸서스	20070702	50	10.36

자료 : 한국펀드평가
주: 1) 기준일 : 2007. 12. 31
2) 위에 제시된 펀드들은 투자시 참고자료로 활용되기 위해 제공되는 것이며 실제 투자시 투자손실에 대한 책임은 투자자에 있음을 명시함.

의 46.5%)에 이른다. 특히 2007년 1월 9일 현재 일본의 순자산 규모 상위 20개 펀드 중 12개가 정기분배형펀드일 정도다.

국내에서 판매 중인 정기분배형펀드의 운용구조는 사전에 정해진 목표 분배율에 따라 펀드에서 투자자에게 이익금이나 이익초과분배금을 지급한다. 이익금이 없는 경우에는 이익초과분배금의 방식으로 투자자의 원금에서 지급된다. 따라서 거치식으로 투자할 경우 매월 생활자금 등이 필요한 투자자에게 적합한 역모기형펀드라고 볼 수 있다. 국내에서는 2007년부터 아이투신과 칸서스자산운용이 각각 '아이러브평생 직장채권1호' 와 '칸서스푀비우스블루칩 주식투자신탁1호' 를 2007년 1월부터 판매하고 있다. 2007년 12월 31일 현재 10개 정기분배형펀드의 설정액은 5,836억원이며 칸서스자산운용의 '칸서스푀비우스블루칩주식1' 의 수익률이 37.6%로 가장 높은 상황이다.

매월분배형펀드에 투자할 때는 다음과 같은 사항에 유의해야 한다. 첫째, 매월분배형펀드는 펀드운용에 따른 이익금이 없으면 원금에서 지급하게 되므로 원금이 줄어들 가능성이 있다. 즉 채권형펀드는 콜금리가 낮아질 경우 월 분배금이 줄어들게 되며 변동성이 큰 주식형펀드는 운용수익률이 나빠질 경우 분배금 지급여력이 악화될 가능성이 있다. 둘째, 보유자산이 부도 또는 매각곤란의 사유가 발생할 경우에는 분배금 지급이 중단될 수도 있다는 점도 간과해서는 안 된다.

▶ 절세펀드

노후자금을 마련하기 위해서는 아주 오랜 기간 투자해야 되기 때문에 은퇴시점에서 절세효과가 있는 금융상품이 좋다. 펀드에도 연금저축펀드와 장기주택마련펀드를 활용하면 절세효과를 톡톡히 볼 수 있다.

◆ 장기주택마련펀드 주택을 마련하기 위한 목적이지만 반드시 주택마련을 목적으로 이용하지 않아도 된다. 장기투자시 절세효과가 있기 때문에 노후자금 마련 상품으로 손색이 없기 때문이다. 장기주택마련펀드는 장기주택마련저축과 같이 7년 이상 장기투자를 할 경우 비과세 혜택과 연말정산시 소득공제 혜택이 있다. 300만원 범위 내에서

[장기주택마련펀드 · 연금저축펀드 상품 및 특징]

구분	펀드명	운용사	주요 특징
장기주택마련펀드	프런티어장기주택마련 혼합1 및 채권1	우리CS	7년 이상 불입시 비과세 혜택과 연말정산시 연간 불입금액의 40%(300만원) 소득공제 혜택
	BEST장기주택마련혼합1	SH	
	삼성장기주택마련혼합1	삼성투신	
	스마트플랜 장기주택마련혼합K-1	대한투신	
연금저축펀드	골드플랜연금주식A-1	한국운용	10년 이상 유지하면 비과세 혜택에 연간 300만원까지 불입금액의 100% 소득공제
	인베스트연금주식S-1	대한투신	
	미래에셋연금혼합1	미래에셋(자)	
	Pru연금채권 KM1	푸르덴셜	

자료 : 각 증권사 · 자산운용사
* 2007년 10월말 현재

연간 불입금액의 40%까지 소득공제가 가능하다. 2007년부터는 배당소득에 대해서도 비과세되고 있다. 이 상품은 기존에 장기주택마련저축에 가입했어도 추가로 가입이 가능하나 장기주택마련 관련 계좌를 통틀어 불입하는 금액이 분기당 300만원을 넘지 말아야 한다. 혜택이 큰 만큼 가입요건은 까다롭다. 만 18세 이상 세대주 혹은 무주택자이거나 (기준시가 3억원 이하) 전용면적 25.7평 이하의 1주택 보유자여야 한다. 2009년까지만 가입이 가능하며 5년 이전 해약시 환급받은 세금을 전액 반환해야 하므로 주의해야 한다. 물론 7년 이전 해약시 비과세 혜택도 없다.

◆ 연금저축펀드 노후를 준비하기에 좋은 펀드상품이다. 이 상품은 장기주택마련펀드처럼 300만원까지 소득공제를 받는다는 측면에서는 동일하지만 장기주택마련펀드는 납입액의 40%까지만 공제를 받을 수

있는데 반해 연금저축펀드는 연간 300만원 한도 내 100% 전액 공제된다는 장점이 있다. 가입조건은 자유로운 편이나 비과세나 소득공제를 받기 위해서는 10년 이상 유지해야 하며 만 55세 이후에 5년 이상 연 단위로 연금을 받을 수 있다. 연금 수령시에는 연금소득세 5.5%(소득세 5%, 주민세 0.5%)를 내야 한다. 연금저축펀드 또한 은행에 연금저축계좌가 있어도 가입이 가능하며 전 계좌 통틀어서 분기당 300만원까지만 불입이 가능하다.

[펀드에 대한 궁금증 8가지]

1. 펀드에도 만기가 있나

펀드에 만기가 있을까. 없을까. 많은 사람들이 궁금해하는 질문 중 하나가 펀드의 만기 여부이다. 일반적으로 약관에 명시되어 있지 않는 한 펀드에는 만기가 없다. 이처럼 펀드에 만기가 있다는 착각을 불러 일으키게 한 원인은 바로 '환매수수로 부과기간' 때문이다. 환매수수료는 펀드에 가입한 후 90일 안에 투자금을 다시 찾으면(환매) 지불해야 하는 수수료이다. 따라서 환매를 한 경우에는 그동안 쌓았던 이익금의 최대 70%를 수수료로 내야 한다. 즉, 이익금의 30%만 가져갈 수 있기 때문에 펀드 가입시 재무목표와 함께 가입기간을 반드시 정해야 손해를 안 볼 수 있다. 다만 일반 펀드와 달리 적립식펀드는 1, 3년 등 만기가 있다. 적립식펀드의 만기는 가장 최근에 불입한 투자자금에 환매수수료가 부과되는 것을 막기 위한 것이다. 따라서 원칙적으로는 적립식펀드에 가입한 후 90일이 지난 후 돈을 찾는다해도 90일 이내에 불입한 돈에 대해서는 환매수수료를 물어야 한다.

2. 펀드를 사고 팔 때 어떤 가격이 적용되나

펀드를 사고팔 때는 기준가격이 적용된다. 기준가격은 펀드에 가입하고 투자자금을 회수(출금)할 때 적용되는 가격으로 펀드의 순자산가치를 나타낸다. 기준가격은 펀드의 순자산총액을 총좌수로 나누고 여기에 1000를 곱해 구한다.

$$기준가격 = \frac{펀드의\ 순자산총액}{총좌수} \times 1000$$

여기서 '좌'는 펀드의 수량을 의미하며 펀드 가입시 기준가격은 1좌당 1원으로 계산하여 1,000좌를 기준으로 1,000원으로 시작하게 된다. 펀드 결산결과 투자이익이 발생한 때에는 기준가격을 1,000원으로 다시 조정하면서 투자이익금만큼 좌수를 증가시켜준다. 이때 늘어난 좌수만큼 환매(출금)할 수 있다. 전일까지 운용결과를 반영한 펀드별 기준가격은 자산운용회사 · 판매회사 · 자산운용협회 홈페이지에 매일 발표되고 있다.

3. 펀드 가입시 어느 시점의 기준가격이 적용되나

펀드 가입시 기준가격은 펀드에 가입하거나 추가로 납입한 날의 다음날 기준가격이 적용된다. 다만 동일한 유형의 펀드라도 가입시간에 따라 가격이 달라질 수 있다. 주식형펀드는 15시 이후에, 기타 펀드는 17시 이후에 가입하면 기준가격 적용일자가 그 이전 시간에 가입했을 때보다 하루 늦어지게 된다.

4. 펀드 환매시 어느 시점의 기준가격이 적용되나

환매시 적용되는 기준가격과 출금가능일자는 펀드의 유형에 따라 다르다. 주식형펀드는 환매신청을 한 다음날의 기준가격으로 3일 후에 출금할 수 있다. 수요일에 환매 신청을 하면 주말을 넘기고 월요일에 출금이 가능한 것이다. 채권형펀드는 환매신청을 한 2일 후의 기준가격으로 2일 후에 출금할 수 있다(수요일 환매 신청 ⇒ 금요일 출금 가능). MMF는 환매신청을 한 다음날의 기준가격으로 다음날 출금할 수 있다. 여기서 주의할 점은 주식형펀드는 15시 이후에, 기타 펀드는 17시 이후에 환매를 신청하면 기준가격 적용일자 및 출금가능일자가 하루씩 늦어지게 된다. 다만 주식형펀드의 경우 기준가격 적용일자만 하루 늦어질 뿐 출금가능일자는 늦어지지 않는다.

5. 펀드의 세금은 얼마나 내나

펀드에 대한 정부의 과세행위는 '환매'와 '결산'이라는 두 가지 경우에만 발생한다. 원천징수 의무자인 은행 등 펀드 판매사는 고객이 펀드에서 자금을 인출(환매)할 때, 혹은 인출 전이라면 펀드 결산시점에 원천징수를 하게 된다. 이때 과표로 잡을 수 있는 이자소득과 배당소득에 대해서는 세금을 내야 한다. 세금은 이자소득세 14%와 주민세 1.4%를 합쳐 총 15.4%이다. 세금은 펀드 유형별로 다르므로 꼼꼼히 따져보아야 한다. 채권형펀드와 주식형펀드에서 발생하는 이자 및 배당소득에 대해서는 세금을 내야 한다. 다만 주식형펀드에서의 매매차익에 대해서는 세금을 물지 않는다. 예를 들어 주식형펀드에 대한 투자금액이 1,000만원이고 현재 수익률이 30%가 되어 잔고가 1,300만원으로 투자차익이 300만원이 났더라도 이는 과세대상이 아니다. 따라서 주식형펀드에서 발생하는 수익 대부분은 세금 부과 대상이 아니기 때문에 투자자가 받아가는 세후수익률도 높게 된다.

적립식 펀드투자 계좌에서 과세방식은 환매수수료 문제로 인해 '선입선출법'을 적용한다. 매월 100만원씩 불입하는 적립식 계좌가 있다고 가정하고 환매시점의 평가액 2,000만원 중 1,000만원을 인출하려 한다면 세금은 가장 먼저 불입한 적립액에서 순차적으로 1,000만원이 되는 시점의 적립액까지 내야 할 세금을 계산하게 된다. 적립식펀드의 경우 환매수수료 부과기간(90일)이 지나게 되면 건건이 계산할 필요가 없어진다.

6. 불입기간이 지난후 환매하지 않으면 계속 통장에서 돈이 빠져나

가나

계약기간이 지나면 자동으로 이체가 정지된다. 또 계약기간 전이라도 환매수수료 부과기간 후에 자동이체 해지로 추가불입하지 않더라도 불이익이 없다.

7. 불입기간이 끝나면 펀드 운용도 멈춰 추가 수익이 발행하지 않나

은행 정기적금이 만기 후엔 보통예금 이자만 주는 것과 달리 계약기간이 끝나도 환매 전까지 계속 펀드가 운용된다.

8. 펀드가 이익을 못내도 환매수수료를 내나

환매수수료 부과기간 내라도 이익이 나지 않으면 환매수수료를 부과하지 않는다.

[펀드 vs 변액보험 어떤 상품의 수익률이 더 높을까?]

펀드와 변액보험 중 어떤 상품의 수익률이 더 높을까? 일선 재무설계사들에게 투자자들이 가장 많이 묻는 질문이다. 엄밀히 말해서 펀드와 변액보험의 수익률을 비교한다는 것은 무리가 따른다. 펀드와 변액보험의 비용구조가 틀리기 때문이다.

펀드는 투자자가 환매를 신청하지 않는 한 투자설명서에 명시된 운용수수료율만큼 매일매일 보수를 계산해두었다가 3개월이나 6개월 단위로 한꺼번에 비용을 빼간다. 따라서 장기투자이건 단기투자이건 관계없이 지정된 날짜에 비용이 빠져나가게 된다. 수익률이 높을수록 장기투자일수록 비용이 많이 든다는 것을 쉽게 예상할 수 있다. 반면 변액보험은 가입자가 낸 최초보험료(일반계정을 제외한 특별계정)에서 사업비를 제한 나머지 자금으로 운용된다. 따라서 펀드에 비해 초기 투자자금이 적게 되므로 같은 수익률이라 하더라도 펀드에 비해 몇 년간은 원리금이 적게 쌓인다. 다만 사업비가 상각되는 시점(초기사업비가 보전되는 시점)에서는 특별계정으로 편입되는 자금이 모두 펀드 운용자금으로 쓰이게 된다. 특히 변액보험(약 1% 내외)은 펀드(약 2% 내외)보다 운용수수료가 적기 때문에 사업비가 상각되는 시점에서 원리금은 펀드를 앞지르게 된다. 이같은 차이점을 알아보기 위한 시뮬레이션은 거치형, 즉 일시에 목돈을 맡긴 경우에만 가능하다.

매월 투자하는 적립식투자의 경우 비용을 매일매일 산출해야 할 뿐만 아니라 보험사마다, 운용사마다 비용 및 사업비 등이 제각각이라는 점 때문에 비교 자체가 무의미하다고 볼 수 있다. 즉 현실적인 투자를 반영하기에는 한계점이 많다. 물론 거치식 투자의 경우에도 절대적인 투자지표가 될 수 없으므로 투자자들은 재무목표에 맞는 투자상품을 선택하는 데 있어서 참고자료로 활용하는 것이 바람직하다.

아래 표는 주식형펀드와 주식형 변액보험에 각각 1,000만원을 거치형으로 20년간 투자했을 경우 원리금 변화를 계산해본 것이다. 펀드와 변액보험의 수익률은 모두 연 9%이다. 펀드의 운용수수료는 연 2.5%이며 변액보험은 연 0.7%이다. 변액보험의 경우 첫해 사업비로 원금 1,000만원에서 7%를 뺐으며 특별계정수수료 등으로 매년 4만 8,000원이 나간다고 가정했다.

아래 표에서 보듯이 투자가 집행된 후 5년까지는 비용을 제할 경우 펀드(1,355만원)의 원리금이 변액보험(1,353만원)보다 약간 많다. 하지만 6년차에는 변액보험(1,459만원)의 원리금이 펀드(1,440만원)보다 많아진다는 것을 알 수 있다. 이같은 원인은 6년차에 변액보험의 사업비가 완전히 상각되고 운용수수료가 펀드

	(주식형)펀드		(주식형)변액보험			
납입 연수	수익률 9%	운용수수료 2.5%	수익률 9%	운용수수료 0.7%	특별계정 수수료 등	첫해 투자 * 9,300,000
		수수료 차감후		수수료 차감1	수수료 차감2	수수료1,2 차감후
–	10,000,000	10,000,000	9,300,000	9,300,000	–	9,300,000
1	10,900,000	10,627,500	10,137,000	10,066,041	48,000	10,018,041
2	11,583,975	11,294,376	10,919,665	10,843,227	48,000	10,795,227
3	12,310,869	12,003,098	11,766,797	11,684,430	48,000	11,636,430
4	13,083,376	12,756,292	12,683,709	12,594,923	48,000	12,546,923
5	13,904,358	13,556,749	13,676,146	13,580,413	48,000	13,532,413
6	14,776,857	14,407,435	14,750,330	14,647,077	48,000	14,599,077
7	15,704,105	15,311,502	15,912,994	15,801,603	48,000	15,753,603
8	16,689,537	16,272,299	17,171,428	17,051,228	48,000	17,003,228
9	17,736,806	17,293,385	18,533,518	18,403,784	48,000	18,355,784
10	18,849,790	18,378,545	20,007,804	19,867,750	48,000	19,819,750
15	25,554,188	24,915,333	29,413,615	29,207,719	48,000	29,159,719
20	34,643,173	33,777,093	43,386,141	43,082,438	48,000	43,034,438

[펀드와 변액보험 원리금 변동 추이 (거치식 투자)] (단위: 원)

* 산출식 :
1) 펀드 = [전년도 누적평가액 × 연 수익률 9% – 운용수수료 2.5%]
2) 변액보험 = [전년도 누적평가액 × 연 수익률 9% – 운용수수료 0.7% – 특별계정수수료 외 48,000원] (단, 납입 첫해는 사업비로 원금의 7% 공제)
* 수수료 이외 기타 비용 제외함
* 위의 투자 시뮬레이션 자료는 실제 투자시 절대적인 지표가 될 수 없음

보다 저렴하기 때문이다. 10년 투자시에는 변액보험의 원리금이 펀드보다 140만원 정도가 많아지게 된다. 20년 후에는 925만원의 차이가 발생하게 된다. 이같은 시뮬레이션 결과가 시사하는 바는 다음과 같다.

첫째, 펀드는 비용이 저렴한 펀드일수록 장기투자에 유리하다. 따라서 장기투자를 고려한다면 비용이 적게 드는 펀드에 투자해야 한다. 둘째, 변액보험 역시 사업비 및 비용 등이 낮을수

록 장기투자에 따른 수익률을 극대화할 수 있다. 사업비와 상각되는 시점은 비례하므로 사업비가 높을수록 상각되는 기간은 길어지게 되고 낮을수록 짧아지게 된다. 셋째, (주식펀드의 경우에만) 펀드는 장·단기에 관계없이 매매차익에 대해, 변액보험은 8~10년 이상 투자시 투자차익에 대해 각각 비과세되므로 이를 감안한 투자가 이루어져야 한다.

4 역모기지론(주택연금)을 활용한 은퇴설계

　젊었을 때 은퇴준비를 제대로 하지 못해 노후가 걱정된다면 역모기지론을 고려해볼 수 있다. 역모기지론은 고령자가 보유한 주택을 금융기관에 담보로 맡기고 노후생활자금을 연금방식으로 지급받는 금융상품이다. 역모기지론은 현재 시중은행과 주택금융공사가 취급하고 있다. 주택금융공사가 보증하는 역모기지론은 '주택연금'으로 불리며 2007년 7월 12일부터 국민, 기업, 농협, 신한, 우리, 하나은행과 삼성화재, 흥국생명 등에서 판매되고 있다.

　주택연금은 일부 은행의 역모기지론과 달리 대출기간이 종신인데다 사망할 때까지 담보로 맡긴 집에서 거주할 수 있다는 장점이 있다. 주택연금의 가입자격은 부부가 모두 만 65세 이상인 고령자로 6억원 이하 주택을 가진 1가구 1주택자에 한해 가능하다. 예를 들어 남편이 70세이고 부인이 62세라면 부인이 65세가 될 때까지 기다려야 주택연금에 가입할 자격이 주어진다. 담보 대상 주택은 아파트, 단독주택, 다세대 등 6억원 이하 주택이다. 실버주택이나 오피스텔, 전·월세 등 임대 중인 주택, 자녀나 형제 등 제3자가 소유하거나 재건축, 재개발이 예정된 주택은 해당되지 않는다. 연금 지급기간은 주택 소유자와 배우자가

	주택가격	2억원	3억원	4억원	5억원	6억원
연령						
65세		28.8	57.6	115	144	173
70세		35.4	70.9	142	177	201
75세		44.3	88.6	177	213	213
80세		56.2	113	225	231	231
85세		72.7	146	263	263	263
90세		97.1	194	327	327	327

[주택금융공사 주택연금 주택·연령별 월 연금수령액] (단위: 만원)

자료 : 주택금융공사(www.khfc.co.kr)

모두 사망할 때까지이다. 주택 소유자가 사망한 뒤 배우자가 연금을 계속 받으려면 배우자에게 주택 소유권이 승계되어야 한다. 중도에 집을 팔거나 다른 곳으로 이사하는 경우 등에는 연금지급이 중단된다.

연금의 월 지급액은 이용자의 연령과 담보주택가격 등에 따라 결정된다. 가입할 당시 연령이 높고 주택가격이 높을수록 금리가 낮을수록 더 많은 월 지급금을 수령할 수 있다. 예를 들어 만 65세이고 시가 3억원의 주택을 보유한 경우 받게 될 월 지급금은 종신(사망시)까지 매월 85만원 가량이다. 만약 6억원의 주택을 만 70세에 맡기면 월 208만원을 받을 수 있다. 대출금은 이용자가 사망한 뒤 해당 주택을 경매에 부쳐 회수하게 된다. 특히 가입자가 일찍 사망해 연금 수령기간이 줄어들 경우에도 큰 손해를 입지 않는다. 공사가 주택을 팔아 대출금을 회수하고 남는 차액은 유족들에게 되돌려주기 때문이다. 또 이용자가 사망한 뒤 공사가 집을 팔아 회수한 돈이 대출금보다 적더라도 다른 재산 및 상속인 등에게 청구권을 행사하지 않는다. 집이 경매에 넘어가기 전에 상속인이 대출 잔액을 중도에 상환하고 집을 물려받을 수도 있다. 대출금리는 3개월 양도성정기예금(CD) 금리에 1.1%포인트를 더한 수준이다. 나중에 금리가 오르거나 주택가격이 변하더라도 가입 당시 약정액을 받게 된다.

하지만 주택연금은 집을 담보로 한다는 점에서 활성화될 때까지는 걸림돌이 많다. 가장 큰 문제는 가계 최후의 보루인 '집'을 담보로 활용한다는 차원에서 자칫 거주지마저 잃을 수 있다는 단점이 있다. 따라서 주택자산 비중이 80%를 넘는 우리나라 상황에서는 아직 시기상조가 아니냐는 찬반논란도 만만치 않다. 실제로 주택금융공사가 2006년 6월 55~69세 주택 보유자 1,500명을 대상으로 실시한 설문결과에 따르면 응답자 2명 중 1명(45.9%)은 현재 소유 중인 주택을 자녀에게 물려주겠다고 답했다. 상속할 의향이 없다는 응답은 25.4%에 불과했다. 노후생활자금도 '주택을 자녀에게 물려주고 다른 재산으로 하겠다' 는 의견이 34.8%, '주택을 자녀에게 물려주고 자녀의 도움을 받겠다' 는 의견이 25.4%로 나타난 반면 '주택을 매매 또는 담보로 해 마련하겠다' 는 응답은 39.3%에 그쳤다. 주택가격 결정시 민원도 발생할 소지가 있다. 주택가격의 경우 아파트는 국민은행(www.kbstar.co.kr)의 인터넷 시세, 단독주택은 한국감정원의 감정평가를 통해 결정되는데, 거래가 거의 이뤄지지 않아 시세를 파악하기 힘든 단독주택이나 지방 소도시 소재 주택의 경우 가격결정이 쉽지 않을 수 있다.

따라서 주택연금을 신청할 때는 주택의 소유여부에 대한 자신의 성향과 상황에 맞춰 가입여부를 결정해야 한다. 주택을 굳이 자녀들에게 물려주고 싶다면 주택연금에 가입하는 대신 거주지를 옮기는 것도 하나의 대안이 될 수 있다. 주택을 전세로 놓고 부부가 값이 싼 지역으로 옮겨 차액을 생활비로 사용하는 방법이다. 예를 들어 주택가격이 3억원일 경우 2억원에 전세를 놓고 자신은 8,000만원의 전세로 옮긴다고 가정하면 1억2,000만원의 여유자금이 생긴다. 이 여유자금을 연 6%

[주택금융공사 주택연금의 주요 내용]

구분	내용
이용 대상	만 65세 이상(배우자 포함), 1가구 1주택자
대상 주택	시가 6억원 이하인 공동주택과 단독주택
거주 요건	연금 수령기간 중에는 해당 주택에 계속 거주해야 함
대출금 지급	매월 연금형식으로 지급 원칙 일정금액(30%)을 신용한도로 설정 가능→의료비 등에 사용
대출 한도	3억원 이하
대출 금리	3개월 양도성예금증서(CD)금리+1.1%포인트
대출 기간	종신 원칙 – 부부 모두 사망시까지 보장
세제 혜택	* 국민주택 규모(85㎡) 이하이고 주택공시가격 3억원 이하, 연간 종합소득이 1200만원 이하인 경우에 한해 아래 혜택 부여 * 근저당 설정시 등록세(설정금액의 0.2%) 면제, 대출이자 비용에 대해 연200만원까지 소득공제, 재산세 25% 감면, 근저당권 설정시 국민주택채권 매입 의무(설정금액의 1%) 면제
보증료	* 초기 보증료: 주택가격의 2% * 연 보증료: 대출 잔액의 연 0.5%
대출금 조기수령	의료비, 자녀 결혼 등 일정 조건에 한해 대출 한도의 30% 내에서 대출금을 한꺼번에 받을 수 있음(종신혼합형의 경우)
취급 금융회사	국민, 신한, 우리, 하나, 기업은행, 농협, 삼성화재, 흥국생명 등

자료: 주택금융공사 (2007.7.12일부터 판매)
주 : 1)㎡ × 0.3025 = 평
　　 2)평 × 3.3058 = ㎡

정기예금으로 가입하면 월 57만1,500원의 이자(6,000만원 비과세, 나머지 6,000만원 세금우대 기준)를 수령할 수 있다. 월 수령액이 적은 대신 2억원의 전세를 낀 3억원의 집과 1억2,000만원의 돈을 자식들에게 남겨줄 수 있다는 장점이 있다. 향후 전세가 오른다면 그만큼 수령액도 늘어나게 된다.

[주택연금에 대한 궁금증 7가지]

1. 65세에 3억원짜리 집을 담보로 맡기면 언제쯤 집값과 대출잔액이 같아질까

주택가격 상승률 3.5%와 현재 평균대출이자율 7.12%를 적용할 경우 매월 86만4.000원을 받을 수 있으며 23년이 지난 87세쯤이면 집값과 대출금이 같아지도록 설계됐다. 즉 65세 부부가 가입했다면 한 사람이라도 23년 이상을 더 살면 주택가격보다 더 많은 돈을 받게 된다는 얘기다.

2. 주택 소유자인 남편이 입원 중인데, 부인이 대신 가입 신청을 할 수 있나

할 수 없다. 반드시 소유자가 대출 서류에 직접 자필 서명을 해야 한다. 필요할 경우 공사나 금융기관 직원이 현장을 방문해 서명날인을 받을 수 있도록 할 계획이다.

3. 주택연금을 이용하다가 이혼 또는 재혼을 하면 어떻게 되는가

이혼을 하더라도 주택 소유자는 연금을 계속 받을 수 있지만, 이혼을 한 배우자는 받지 못한다. 가입 당시 법률상 혼인관계에 있는 배우자만 연금을 받을 수 있기 때문이다. 따라서 재혼으로 배우자가 된 경우에도 연금을 받을 수 없고, 주택 소유자가 숨지면 연금 지급은 중단된다.

4. 은행대출이 많거나 소득이 없어도 이용할 수 있나

주택연금은 담보주택의 가치를 기준으로 지원 여부를 결정하기 때문에 소득 유무와는 상관이 없다. 단 다른 금융기관에 해당 주택을 담보로 제공하고 먼저 받은 대출이 있다면 이용할 수 없다.

5. 1세대 2주택 이상이면 이용할 수 없나

1세대 1주택을 기본 가입 요건으로 한다. 1세대 1주택 소유자이면 토지나 상가 등 다른 기타 부동산을 보유하고 있어도 신청할 수 있다. 다만 신청 당시에는 1주택 소유자였는데 도중에 2주택자가 되더라도

65세
3억
본인이 직접!
이혼
연금
1세대
1주택이 기본!!
담보
No
실거주자
재산세
25% 감면
3억 이상
3억 이하

보증 및 대출계약은 종신 때까지 유지된다.

6. 실제로 살지는 않고 전세를 준 주택도 이용할 수 있나

없다. 다만 부부가 살면서 일부를 보증금 없이 월세로 주고 있다면 괜찮다. 전세로 주고 이사하거나 특별한 사유 없이 1년 이상 집을 비우면 안 된다. 가입기간에 해당 주택이 재건축이나 재개발이 될 경우에도 계약해지 사유가 된다.

7. 지방보다 집값이 비싼 수도권에만 유리한 것이 아닌가

주택연금은 주택가격이 높을 수록 많이 받을 수 있도록 설계됐기 때문에 주택가격이 낮다면 월 지급금도 적을 수밖에 없다. 이를 보완하기 위해 3억원 이하 주택이면 재산세의 25%를 감면해준다.

자료 : 한국주택금융공사 '주택연금 제도 및 상품소개 100문 100답'

연령대별
은퇴설계

우리가 인생을 살아가면서 다양한 재무목표를 효과적으로
달성하기 위해서는 전략과 전술이 반드시 필요하다. 무턱대
고 '그때 가서 어떻게 되겠지'라고 생각한다면 항상 쪼들린
삶을 살 수밖에 없다. 은퇴설계 역시 연령대별로 투자전략
을 달리해야 행복한 노후를 보낼 수 있다.

Rich
Life
Plan

5장

1 젊을 땐 공격투자 vs 나이들면 보수적 운용

우리가 인생을 살아가면서 다양한 재무목표를 효과적으로 달성하기 위해서는 전략과 전술이 반드시 필요하다. 무턱대고 '그때 가서 어떻게 되겠지'라고 생각한다면 항상 쪼들린 삶을 살 수밖에 없다. 은퇴설계 역시 연령대별로 투자전략을 달리해야 행복한 노후를 보낼 수 있다. 이를 위해 젊었을 때는 손실 만회의 기회가 많은 만큼 주식 비중을 높인 다소 공격적인 투자를 통해 재무목표를 달성하도록 해야 한다. 나이가 들어서는 수익성은 다소 떨어지더라도 자산을 안정적으로 지킬 수 있도록 채권 비중을 높여야 한다. 다시 말해 젊었을 때는 공격적인 투자를, 나이가 들어서는 자금을 보수적으로 운용해야 한다.

미국의 경제주간지 비즈니스위크는 연령대별 노후대책 마련을 다음과 같이 소개하고 있다.

▲20대는 다양한 미래의 재무목표를 위하여 종자돈을 모으는 시기이다. 따라서 불필요한 지출을 줄이고 남는 돈은 주식투자(주식 비중 60% 이상인 주식펀드)를 하도록 한다. 주식투자를 할 때는 단기적인 수익률에 일희일비하기보다는 장기투자 원칙을 철저히 지켜야 한다. ▲30대는 본격적인 가정 형성기로서 자녀 양육과 함께 내 집 마련을 위

[연령대별 노후대책]

구분	부동산	세금	잉여자금	가족
20대	종자돈 모으기	지출 감시	주식투자	아이 맡기고 야밤 데이트
30대	빚내서 집구입 금물	비과세통장 활용	자녀학자금	아이 빨리 갖기
40대	평생 살 집 구입	연금 가입	은퇴자금 불입	자녀학자금보다 노후자금 마련
50대	새 집처럼 단장	통장 정리	빚정리	자녀에게 과도한 선물(집) 삼가

* 자료 : 비즈니즈위크 2007.7.9일자

한 재무목표를 설정하게 된다. 이같은 재무목표 달성을 위해서 비과세 금융상품을 적극 활용해 장기적인 재무목표에 대비하고 잉여자금은 자녀학자금 마련을 위한 투자에 나서야 한다. ▲40대는 30대에 열심히 모아둔 돈으로 평생 살 집을 구입하고 본격적인 은퇴준비를 시작해야 한다. 특히 자녀교육비보다는 노후자금 마련에 힘써야 할 때다. ▲50대는 노후생활을 안정적으로 하기 위해 금융자산을 연금화할 단계이다. 따라서 자녀에게 집과 같은 과도한 선물은 삼가도록 한다. 자녀는 내 노후를 책임져주지 않기 때문이다.

2 연령대별 은퇴설계 실전사례

▌30대 급여생활자 김재무씨

◆ 휴대폰 부품을 생산하는 중소기업에서 대리로 근무하고 있는 김재무씨(30세)

김재무씨는 2년 전 대학에서 캠퍼스 커플로 사귀던 이혜란씨와 결혼해 행복한 신혼생활을 보내고 있다. 임신 6개월인 아내는 곧 출산을 앞두고 직장을 그만둔 상황이다. 김씨는 첫 자녀만 출산한 후 40세가 되기 전에 내 집을 마련할 예정이다. 그런데 최근 매스컴에서 고령화, 저출산으로 인해 30대부터 은퇴준비를 하지 않으면 노후가 불안할 것이라는 보도를 접하면서 왠지 자신의 노후가 걱정되어지기 시작했다. 하지만 월 250만원의 급여를 받는 김씨에게 노후자금 마련을 위한 투자는 꿈도 꾸지 못하는 상황이다. 월 생활비로 150만원을 쓰고 있고 매월 주택마련자금(장기주택마련펀드)으로 30만원, 적립식펀드에 10만원, 변액종신보험(김재무씨)·변액연금보험(이혜란씨)에 각각 20만원, 비상예비자금으로 20만원을 각각 지출하고 있기 때문이다. 김씨 부부는 은퇴시점에서 필요한 노후자금이 얼마나 필요한지, 부족한 자금은 어떻게 해결해야 할지 막막해지기 시작했다.

김재무씨와 같이 신혼초기에 맞벌이를 하다가 아내가 임신을 하면서 외벌이 가정이 되는 경우가 많다. 출산 후 아이를 맡길 곳이 마땅치 않기 때문이다. 결국 남편의 월급만으로 생활비뿐만 아니라 미래의 재무목표인 주택마련 및 은퇴자금 등을 마련해야 한다. 이런 여러 가지를 준비하다보면 결코 만만치 않은 재정적 한계에 부딪히게 된다. 그렇다고 해서 불안한 미래를 가만히 앉아서 맞이할 수는 없다. 지금은 좀 쪼들리지만 아껴서 조금씩 투자하다보면 행복한 노후를 보낼 수 있다는 희망을 갖자.

그렇다면 지금부터 김재무씨 부부의 은퇴설계를 시작해보자. 우선 김씨 부부의 은퇴설계를 하기 위해 가장 먼저 해야 할 일은 필요한 노후생활비를 추정하는 것이다. 노후생활비를 추정하기 위한 첫 번째 단계는 부부가 같이 사는 은퇴기간을 정해야 한다. 우선 김씨는 65세에 은퇴한다고 가정한다. 은퇴연령은 길면 길수록 좋다. 그만큼 돈을 모을 수 있는 기간이 길어지기 때문이다. 또 우리나라 사람들의 평균수명을 감안하여 부부가 같이 지내는 은퇴기간을 25년으로 정하고 김씨 사망 후 부인 홀로 생존기간을 10년으로 가정한다. 이 기간 중 사용할 은퇴자금은 ▲60세부터 65세까지 국민연금이 지급되지 않는 기간 중 생활비 ▲개인연금상품이 60세 이후 20년 동안 매년 일정한 금액을 지급해야 하는 금액 ▲남편의 사망시점이 85세이며 부인은 추가로 10년 더 생존했을 때 들어가는 생활비와 의료비 등이 될 것이다. ▲향후 연평균 물가상승률은 3%, 은퇴생활 중 연금상품 기대수익률은 4%, 기대투자

[김재무씨 부부의 노후자금]

(단위: 만원)

구분	노후생활비	국민연금 차감 후 노후생활비	목돈	간병비	합계
부부생존기간	128,977	77,386	5,628	(남편)11,296	
부인생존기간	37,661	22,598		(부인)15,458	
소계	166,638	99,984	5,628	26,754	132,366
현재 가치	16,843	9,365	527	2,506	12,398

자료 : 한국펀드평가(www.fundzone.co.kr) 노후간편설계 참고

수익률은 7% 등으로 예상한다.

위와 같은 조건으로 계산하면 김재무씨 부부가 은퇴시점에 필요한 노후생활비는 총 16억6,638만원이며 국민연금을 포함할 경우에는 9억 9,984만원이다. 여기에 김재무씨와 부인 이혜란씨의 사망 전 간병비와 은퇴시 필요한 목돈까지 합한다면 실제 필요한 금액은 13억2,366만원 이 된다.

다음으로 은퇴시점에서의 부족액을 계산해야 한다. 김재무씨는 현 재 350만원의 퇴직금이 누적되어 있으며 연평균 임금상승률을 6%로 가정한다. 개인연금상품으로 김씨는 변액종신보험(60세 만기시점에 연 금으로 전환)을, 이혜란씨는 변액연금보험(만기 60세)에 각각 20만원을 매월 불입하고 있다. 또 적립식펀드 투자와 보장성보험 만기로 은퇴시 점에 5,000만원을 일시금으로 수령할 수 있을 것으로 예상한다. 기대 투자수익률은 7%(채권자산 4%, 주식자산 8%, 현금자산 3%, 부동산자산 5%)로 가정하도록 한다.

이같은 조건으로 계산해본 결과, 김씨가 준비할 것으로 예상되는 자 금은 총 10억7,197만원으로 은퇴시점에 2억5,169만원이 부족할 것으 로 예상된다. 부족자금 2억5,169만원은 현재가치로 2,357만원이며 부

[김재무씨 부부의 은퇴시점 부족액 마련을 위한 투자액]

(단위 : 만원)

구분	은퇴시점 가치
노후생활비 (A)	132,366
총 은퇴준비자산 (B)	107,197
노후생활비 부족액 (A-B)	25,169
현재 가치	2,357
향후 매년 투자액	182.07
매월 투자액	15.17
투자수익률	7%

자료 : 한국펀드평가(www.fundzone.co.kr) 노후간편설계 참고

족자금 마련을 위해서 매년 182만7,000원(매월 15만1,700원)을 적립해야 한다. 매월 투자해야 할 15만1,700원은 공격적인 투자가 가능한 주식형펀드(주식 비중 80% 이상)와 같이 주식 비중이 다소 높은 금융상품에 투자하도록 한다.

▶ 자녀교육비 어떻게 마련할 것인가?

자녀를 둔 가정의 가장 큰 골칫거리는 교육비다. 노후설계를 하는 데 있어서 교육비 비중을 얼마만큼 줄이느냐에 따라 모을 수 있는 노후자금이 달라지기 때문이다. 실제로 김재무씨와 이재순씨와 같은 30~40대 부모는 막상 노후자금 마련계획을 세웠더라도 자녀가 커가는 과정에서 노후자금이 교육비로 빠져나갈 위험이 크다. 이러한 리스크를 줄이기 위해서는 교육자금 설계를 자녀의 출산과 함께 시작해야 한다. 부모가 50대가 되면 자녀교육비보다는 노후를 위해 쓸 자금계획을 세워야 한다. 하지만 반대로 대학등록금이나 유학비로 수입의 절반 이상을 써버리면 남는 것은 집 한 채만 덩그러니 남게 된다. 이렇게 되면 금전적으로 윤택한 노후를 기대하기란 쉽지 않다.

[연수익률별 월적립식투자시 각 기간별 미래실현가치]

(단위: 원)

월적립금액	연수익률(%)	10년	15년	18년	20년
	4	18,467,580	30,863,849	39,580,553	45,999,651
	7	21,761,809	39,851,405	54,154,196	65,495,675
12.5만원	10	25,819,003	52,240,533	75,695,989	95,712,114
	15	34,832,159	84,607,887	138,031,913	189,494,372
	20	74,780,469	141,786,863	263,278,195	395,184,921

자료 : 우리CS자산운용, 굿모닝신한증권
1) 12.5만원은 이 금액을 10년간 투자했을 경우 원리금이 미성년자 증여세 공제한도인 1,500만원이 되는 금액임.
2) 원리금 합계 : Future Value(월복리, 목표월수, 월적립금액, 현재가치, 기초납입)임

    그렇다면 한 가정에서 자녀교육비로 얼마나 많은 돈이 지출되기에 부모의 노후까지 위협할까. 2004년 기준으로 초등학교부터 대학졸업까지 평균 6,200만원에 이르는 교육비가 소요되고 있다. 최근 6년간 교육비 상승률이 물가상승률(3.2%)의 두 배인 6.2%인 점을 감안할 때 앞으로 교육비 부담은 더욱 늘어날 것으로 전망된다. 따라서 교육비 상승률과 물가상승률을 따라잡을 수 있는 금융상품에 매월 적립식으로 투자해야만 대학교육비 및 유학비 등을 마련할 수 있다. 만약 나중에 어떻게 되겠지라는 식으로 자녀교육비 마련계획을 세워놓지 않으면 40~50대에 자녀교육비로 목돈이 들어가게 된다. 자녀 출산과 함께 미리미리 자금계획을 세워놓아야만 이런 최악을 사태를 막을 수 있다. 하지만 시중에는 교육비 상승률과 물가상승률을 앞지를 수 있는 금융상품은 흔치 않다. 예를 들어 12만5,000원을 4%대인 정기예금(저축성상품)에 매월 투자할 경우 10년간 2,000만원도 모을 수 없으며 18년간 투자를 해도 4,000만원에 미치지 못한다. 앞서 언급했듯이 교육비 상승률과 물가상승률까지 감안하면 연 10% 이상 수익률이 나오는 자산에 투자를 해야 한다. 연 10% 수익률이 나오는 자산에 투자할 겨우 10년과 18년간 각각 2,282만원과 7,570만원의 자금을 모을 수 있어 성장한

[어린이펀드 운용 현황]

펀드명	운용사	설정일	설정액(억원)	설정이후(%)
대신꿈나무적립주식 1ClassC1	대신	20040720	225.07	196.89
하나UBS가족사랑짱적립식주식K- 1	하나UBS	20031229	592.63	160.94
하나UBS가족사랑짱적립식주식K- 1CLASSC	하나UBS	20031229	592.63	160.94
Tops엄마사랑어린이적립식주식 1	SH	20050503	1,087.42	156.88
미래에셋우리아이3억만들기주식G 1	미래에셋(자)	20050401	6,088.99	139.91
미래에셋우리아이적립형주식G K- 1	미래에셋(자)	20050422	3,062.00	127.52
농협CA아이사랑적립주식 1	NHCA	20050502	1,043.57	107.09
하나UBS가족사랑짱적립식혼합K- 1	하나UBS	20031230	299.16	89.30
미래에셋우리아이친디아업종대표주식형자 1(자)	미래에셋(자)	20070416	147.72	72.73
미래에셋우리아이친디아업종대표주식형자 1(자C-A)	미래에셋(자)	20070416	78.93	70.40
미래에셋우리아이친디아업종대표주식형자 1(자C-C)	미래에셋(자)	20070416	70.41	69.83
우리쥬니어네이버적립주식1	우리CS	20050817	830.67	68.58
KB캥거루적립식주식	KB	20060503	666.63	50.93

자료 : 한국펀드평가
주: 1) 기준일 : 2007. 12. 31
2) 위에 제시된 펀드들은 투자시 참고자료로 활용되기 위해 제공되는 것이며 실제 투자시 투자손실에 대한 책임은 투자자에 있음을 명시함.

자녀의 실질적인 교육비 마련에 도움을 줄 수 있다.

자녀의 교육비 마련에 적합한 금융상품은 연 10% 이상의 수익률을 기대할 수 있어야 할 뿐만 아니라 ▲수입이 많지 않은 자녀출산기부터 매월(적립식) 소액으로 투자가 가능해야 한다. 또 ▲장기투자에 따른 복리효과가 뛰어나 투자기대수익률이 높아야 한다. 여기에다 ▲목돈이 마련되는 시점에 세제혜택에 주어진다면 금상첨화이다. 이런 조건에 충족하는 금융상품이 바로 '어린이펀드' 이다. 어린이펀드는 보험이나 적금처럼 보장기능과 원금보전 기능은 없지만 펀드투자의 장점인 분산투자를 통하여 투자 위험을 최대한 줄이면서 장기투자를 통한 교육자금을 마련할 수 있다. 2007년 12월 말 현재 어린이펀드는 30여 개 펀

드가 설정되어 있으며 설정액은 총 1조5,696억원이다. 어린이펀드는
과거 주식시장이 크게 움직이거나 주가 상승에 따른 주식형펀드의 대
량 환매 발생시에도 설정액 규모는 꾸준히 증가하는 추세다. 수익률 측
면에서 벤치마크인 KOSPI와 비교해보면 3년 수익률을 제외한 전 기간
에서 어린이펀드 수익률이 앞서는 우수한 성과를 나타내고 있다. 어린
이주식형펀드의 보수는 평균 2.0%로 성장형펀드의 평균보수인 2.4%
보다 낮다. 또 관할세무서에 신고만 하면 자녀 1인당 만 19세 미만까지
는 10년 단위로 1,500만원씩, 20세 이후에는 3,000만원까지 증여세
공제가 가능하다.

　이러한 장점을 지닌 어린이펀드의 가입 적기는 첫 자녀를 출산하는
30대이다. '우리나라 직장인의 소비 · 지출구조' 그래프를 보면 수입은
40대를 정점으로 점차 줄어들고 50대 후반에 들어서면 은퇴로 인하여
수입 중에서 가장 비중이 컸던 급여가 중단된다. 반면 지출 그래프는
다르게 나타나고 있다. 30대에 주택마련 자금의 비중이 커서 지출이
증가하지만 이때는 그나마 여유가 있다가 40대에 이르면 사태가 심각
해진다. 자녀들이 커가면서 주택도 넓혀야 하는데 이때부터 본격적으
로 자녀교육 자금이 들어가기 시작하면서 지출이 증가한다. 이러한 추
세가 40대 후반 이후에 이르면 자녀 대학등록금과 자녀결혼 자금까지
가세하여 정점에 이른다. 그 시점은 자금 지출이 일시에 몰려 부모들의
자금부담이 가중되는 시기이며 이 시기부터 지출이 수입을 초과하는
자금 부족시기를 맞게 된다. 따라서 매년 크게 오르는 사교육비와 대학
등록금 인상률을 고려할 때 자녀교육비와 같은 목돈 마련은 비록 적은
금액일지라도 자녀가 어렸을 때인 30대부터 준비해야 한다.

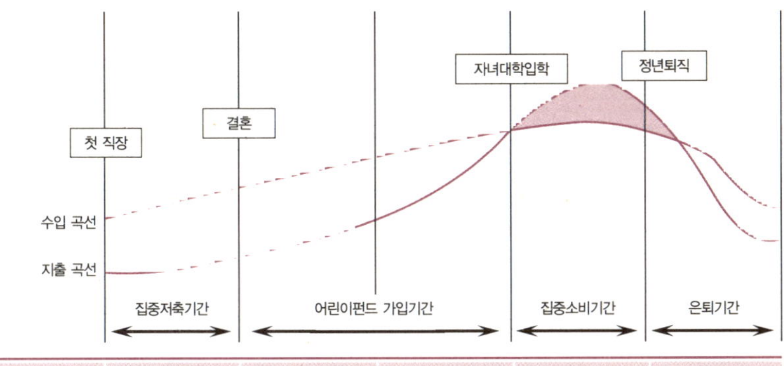

주요시기	취직 결혼	자녀 성장기	자녀 교육기	은퇴 예비기	은퇴기
자금 수요	결혼자금	주택마련자금 자녀육아비 자녀교육자금	주택마련자금 (확장시) 자녀교육자금	자녀결혼자금 자녀교육자금	노후생활자금 긴급자금
연령	20~30대 초반	30~40대 초반	40~40대 후반	40대 후반~50대	퇴직 후
교육자금 수요		사교육비		대학등록금	
준비시점		자녀 출산~취학시점		초등과정~중 · 고등과정	

자료 : 미래에셋자산운용, 굿모닝신한증권

❙ 40대 대기업 중견간부 이재순씨

◆ 대기업 중견간부로 65세에 은퇴를 계획하고 있는 이재순씨(47세)

H대기업에서 20년간 근무하고 있는 이재순씨는 65세에 은퇴를 계획하고 있다. 가족으로는 아내 박효순씨(42세)와 아들(중학교 3학년)과 딸(고등학교 1학년)이 있다. 이씨의 현재 월 급여는 500만원(세후)으로, 비교적 안정적인 대기업에 근무하면서 그동안 집 한 채(거주용자산, 시가 4억원)와 예금으로 3,000만원 정도의 금융자산을 모아둔 상황이다. 하지만 자녀들이 커가면서 사교육비가 만만치 않은데다 대학을 마칠

때까지 등록금을 내줘야 하기 때문에 은퇴자금에 대해서는 생각하지 못하고 있다. 다행히 5년 전에 가입한 적립식(주식형)펀드(매월 30만원)와 60세 만기인 종신보험(부부가 각각 매월 20만원)이 그나마 위안이다. 이씨 부부는 좀더 자세한 은퇴설계를 받기 위해 재무설계사를 찾아 상담을 받기로 했다.

40대 후반 가정의 최대 문제는 사교육비이다. 자녀들이 커가면서 사교육비 부담이 점점 커지기 때문이다. 이씨 같은 경우에도 자녀들이 대학을 마칠 때까지 들어갈 사교육비와 대학등록금이 만만치 않은 상황이다. 여기에다 자녀들이 유학이라도 가게 된다면 그동안 모아둔 금융자산의 대부분이 자녀들 학업비로 지출되고 만다. 이렇게 되면 틈틈이 모아두었던 펀드라든지 예금은 고스란히 자녀들 학업비와 결혼비용으로 쓰이게 될 것이다. 결국 부부의 노후는 자녀들 손에 달려 있게 된다. 믿지 못할 투자처에 너무 많은 돈을 쏟아붓고 있지나 않은지 생각해볼 때다.

우선 이재순씨가 65세에 은퇴한 후 사망시점인 85세까지 생활비로 매월 200만원을 쓴다고 가정한다. 이씨가 사망한 후 부인 박씨 홀로 10년 동안 쓸 생활비는 부부가 같이 생활하던 때의 60%가 필요하다. 향후 연평균 물가상승률은 3%, 은퇴생활 중 연금상품 기대수익률은 4%, 기대투자수익률은 7% 등으로 예상한다. 이같은 조건으로 계산하면 이씨 부부가 은퇴시점에 일시금으로 필요한 노후생활비는 총 10억6,119만원이며 국민연금을 포함할 경우에는 6억3,670만원이다. 여기에 이씨와 부인 박씨의 사망 전 간병비와 은퇴시 필요한 목돈까지 합한다면 실제 필요한 금액은 9억1,035만원이 된다.

[이재순씨 부부의 노후자금]

(단위 : 만원)

구분	노후생활비	국민연금 차감후 노후생활비	목돈	간병비	합계
부부생존기간	78,039	46,823		(남편)10,202	
부인생존기간	28,080	16,847	5,107	(부인)12,056	
소계	106,119	63,838	5,107	22,258	91,035
현재 가치	31,397	18,838	1,511	6,585	26,934

▲ 한국펀드평가(www.fundzone.co.kr) 노후간편설계 참고

　　노후생활비를 추정한 후에는 은퇴자금 부족액을 계산해야 한다. 가장 먼저 해야 할 일은 미래에 받게 될 국민연금 지급액을 예상하는 것이다. 이재순씨의 경우에는 만 63세부터 국민연금을 수령할 수 있다. 제도가 바뀌지 않는다는 전제로 본다면 이씨는 월 80만원을 받을 것이다. 이씨가 사망한 뒤 부인 박씨는 30만원의 유족연금을 탈 수 있다. 이렇게 가정할 경우 은퇴시점(65세)에서 부족한 노후생활비는 총 1억 1,119만원이다. 부족자금 1억1,119만원은 현재가치로 3,290만원이며 부족자금 마련을 위해서 매년 327만4,000원(매월 27만2,500원)을 적립해야 한다.

　　매월 27만2,500원을 투자해 목표한 부족자금을 마련하기 위해서는 주식형펀드를 추가로 가입하는 것이 좋다. 아래 표를 보면 매월 30만원씩(목표수익률 7%) 적립식펀드에 불입하게 되면 은퇴시점인 65세때 1억3,400여만원을 마련할 수 있다.

[이재순씨 부부의 은퇴시점 부족액 마련을 위한 투자액]

(단위 : 만원)

구분	은퇴시점 가치
노후생활비 (A)	91,035
총 은퇴준비자산 (B)	79,916
노후생활비 부족액 (A−B)	11,119
(현재 가치)	3,290
향후 매년 투자액	327.04
매월 투자액	27.25
투자수익률	7%

▲ 한국펀드평가(www.fundzone.co.kr) 노후간편설계 참고

[은퇴시점 부족한 자금마련 계획]

(목표수익률 7% / 단위:원)

나이	매년 적립액 변화
47	3,600,000
48	7,452,000
49	11,573,640
50	15,983,795
55	43,120,759
60	81,181,756
65	134,564,273

* 매월 30만원씩 18년간 주식형 적립식펀드에 투자

❙ 60대 정년퇴직한 박지춘씨

박지춘씨는 59세에 국책은행에서 정년퇴직한 상태이다. 가족으로는 아내 임정인씨(58세)와 함께 직장생활을 하고 있는 두 아들이 있다. 첫째 아들(27세)과 둘째 아들(25세)은 어느 정도 규모의 결혼자금을 모으는 데로 출가시킬 예정이다. 박지춘씨는 생활비로 월 200만원을 쓰고 있으며 두 아들이 생활비로 20만원씩 40만원을 지원해주고 있다. 보유 중인 금융자산은 1억원짜리 정기예금과 1억원짜리 연금신탁이 있다. 1억원짜리 정기예금은 두 아들이 출가할 때 결혼자금으로 각각 5,000만원을 나눠줄 예정이다. 거주하고 있는 아파트(36평, 시가 7억원)는 부인과 공동명의로 되어 있다. 정년퇴직시 받은 퇴직금 3억원은 현재 은행 요구불예금에 들어 있다. 박씨는 안정적인 노후생활을 위해 퇴직금을 이용해 창업도 생각해보았으나 마땅한 창업아이템이 없어 망설이고 있는 상황이다. 박지춘씨의 은퇴설계는 어떻게 하는 것이 좋을까?

평생 일하던 직장에서 정년퇴직한 퇴직자들이 가장 먼저 생각하는 것이 창업이다. 하지만 무턱대고 창업을 했다가는 원금을 전부 날리는 경우가 빈번하므로 신중을 기해야 한다. 안정적인 노후생활(생활비 월 200만원)을 원하는 박지춘씨의 노후를 설계해보도록 하자.

박씨의 기대수명은 80세, 부인 임씨는 90세로 가정한다. 임씨는 박지춘씨를 사별한 후 현재 생활비의 60%인 120만원 정도를 지출하게 될 것이다. 이 경우 부부 생존시 필요한 총 생활비는 3억9,473만원, 임씨가 홀로 살아가면서 필요한 생활비는 총 1억1,914만원으로 추정된다. 은퇴시 필요한 자금 중 준비되지 않은 자금이 얼마인가를 계산하기 위해서는 먼저 국민연금을 고려해야 한다. 박씨의 경우 국민연금은 만 61세가 되는 내후년부터 매월 33만원 정도가 지급되며 남편 사별 후 부인 역시 유족연금을 수령할 수 있다. 이렇게 국민연금 수령을 가정한 경우 현재시점을 기준으로 부족한 노후생활비는 4억원으로 줄어든다. 하지만 국민연금 개혁으로 연금지급액이 줄어든다면 추가 자금을 마련해야 한다. 이 경우 이미 은퇴생활을 시작했기 때문에 은퇴 부족자금 4억원을 추가로 마련하는 계획을 수립하기가 쉽지 않다. 하지만 현재 보유한 자산 중에 은퇴용으로 사용할 자산을 정리해보면 연금신탁 1억원과 거주용 아파트(시가 7억원), 퇴직금 3억원이 있다. 이들을 잘 활용하면 부족한 은퇴자금을 마련할 수 있는 방법을 찾을 수 있다.

우선 은퇴 전까지 모아둔 목돈은 매월 일정한 금액을 받을 수 있도록 연금화해야 한다. 박지춘씨의 경우에는 수익률이 낮은 1억원짜리 은행 연금신탁을 해약한 후 '계약이전' 제도를 활용하여 증권사 연금펀드로 갈아타는 것이 좋다. 자산운용사의 연금저축 주식형의 경우 최근 1년간 50%에 가까운 고수익을 올리는 높은 수익률을 기대할 수 있기 때문이다. 또 시가 7억원의 아파트는 자식들에게 물려주지 않는다면 주택금융공사의 주택연금 이용을 고려하도록 한다. 주택연금을 이용하면 부부가 사망할 시점까지 아파트를 담보로 연금을 받을 수 있다.

다음으로 퇴직금 3억원의 안정적인 투자처를 생각해보아야 한다. 여기서 중요한 것은 퇴직금을 이용해 섣불리 창업을 하거나 주식과 같은 직접투자는 가급적 피해야 한다. 임의식(거치식)으로 투자가 가능한 펀드상품이나 '즉시납 연금보험'에 분산투자하면 투자수익도 얻고 안정적인 연금자산이 확보된다는 장점이 있다. 예를 들어 1억5,000만원을 펀드상품에 가입하려 한다면 채권펀드(기대수익률 연 4%), 주식형펀드(기대수익률 연 7%), 해외펀드(기대수익률 연 10%)에 각각 6,000만원, 5,000만원, 4,000만원씩을 넣어두면 된다. 이와 같은 마땅한 투자계획을 혼자 세우지 못할 경우에는 은퇴설계를 전문적으로 다루는 재무설계사에게 도움을 청하는 것도 바람직하다.

3 독신자 은퇴설계

혼자 사는 사람들이 부쩍 늘고 있다. 2007년 11월 통계청이 발표한 '2005~2030년 장래가구' 추계결과에 따르면 핵가족화와 이혼, 독신자 증가 등으로 오는 2030년에는 1인 가구가 전체 가구에서 차지하는 비중이 23.7%를 차지할 것으로 전망된다. 반면 4인 가구는 22.7%로 낮아져 가족의 해체현상이 가속화될 것으로 예상된다.

1인 가구, 즉 독신자 증가는 우리나라만의 현상이 아니다. 미국의 경우 1975년에서 1990년의 남성 독신율이 10.9%에서 16%로 증가했으

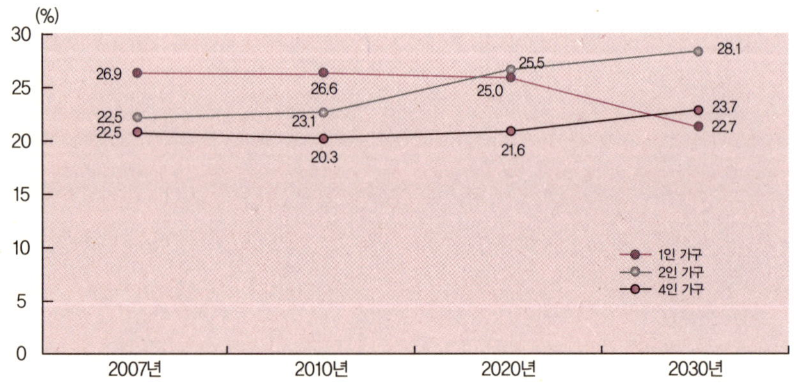

자료 : 통계청 '2005~2030년 장래가구 추계' 2007.11

며 여성 독신율은 23.6%에서 29%로 증가한 것으로 나타난 바 있다. 기존의 가족단위 삶의 유형과는 다른 새로운 삶의 유형으로 보편화되어 가고 있는 것이다. 다만 1인 가구의 가장 큰 문제점은 은퇴 후 재정적으로 큰 어려움을 겪을 수 있다는 점이다. 독신자들의 경우 주택이나 부양가족에 대한 부담이 적어 소비성향이 상대적으로 강하다. 따라서 노후와 위험에 대한 대비의 필요성을 크게 느끼지 못하는 특징이 있기 때문이다. 그렇다면 은퇴 후에도 풍요로운 삶을 살기 위해 독신자들은 어떻게 해야 할까?

▎수입과 지출을 통제하라

수입규모가 맞벌이보다 적기 때문에 지출마저 통제가 안 된다면 재정적인 문제가 발생할 수밖에 없다. 소득은 본인 의지로 증가시키기 어렵지만 지출은 의지만 있다면 통제가 가능하다. 독신자는 부양가족이 없어 고정지출이 적다는 장점도 있지만 지출을 통제해줄 사람이 없어 과소비의 가능성이 크다는 단점도 있다. 소득의 최소 40%

이상은 먼저 저축(투자 또는 보험 가입)하고 남는 돈으로 생활하는 습
관을 길러야 한다. 과다한 신용카드 사용과 할부구매는 자제하고 신
용카드를 올바르게 사용할 자신이 없다면 과감하게 잘라버리는 결단
도 필요하다.

장기 금융상품에 투자하라

20~30대 독신자들은 은퇴준비 기간이 길기 때문에 펀드나 변액보
험과 같은 장기투자상품에 투자한다면 노후를 효과적으로 대비할 수
있다. 특히 투자기간 중 아무리 급한 돈이 발생하더라도 한꺼번에 환매
를 하면 안 된다. 펀드의 경우 부분환매할 수 있으며 변액보험의 경우
일부인출(유니버셜) 또는 약관대출 등의 방법을 사용해 유지하도록 한
다. 투자금액은 월 수입의 15~20%로 일상적인 생활을 하는 데 무리가
없도록 한다. 또 장기투자시 비과세 혜택을 볼 수 있는 장기주택마련저
축 또는 장기주택마련펀드에도 가입해 향후 주택마련에 따른 종자돈
마련에도 신경써야 한다.

항상 비상금을 확보하라

세대를 구성한 가장도 비상금이 필요하다. 언제 어떻게 돈이 필요할
지 모르기 때문이다. 독신자의 경우에도 생활비의 3개월 정도 규모의
비상금은 늘 입출입이 편리하고 시중금리보다 높은 투자수익률을 제공
하는 증권사의 CMA계좌를 통해 관리하도록 한다.

▮ 보험, 혼자사는 만큼 충분히 가입하라

독신자 중에는 보험을 가족이 있는 사람에게나 필요한 것으로 단정 짓는 사람들이 꽤 많다. 하지만 사고나 질병으로 인한 독신자들의 경제활동 중단은 자신을 대신해서 재정적 부담을 책임질 가족이 없다는 점에서 치료비보다 더욱 큰 문제가 된다. 독신자의 위험보장이 결혼한 사람들에 대한 위험보장보다 더욱 중요한 이유가 바로 여기에 있다. 따라서 독신자들은 사망 후 가족의 생계를 위한 생명보험보다는 상해와 질병 치료비 보장에 중점을 둔 보험이 필수다. 그것도 가능한 빠른 시일 내에 충분한 규모로 가입하여 두어야 한다. 따라서 노후에 연금으로 전환이 가능하고 가입기간 동안 위험보장을 해줄 수 있는 변액보험에 가입하도록 한다. 투자수익은 덤으로 얻을 수 있으므로 10년 이상의 장기투자에 적합하다.

▮ 주택마련, 선택 아닌 필수로 생각하라

독신자의 경우 혼자 살다보면 내 집 마련을 남의 일처럼 여기게 된다. 특히 독신자는 2007년 9월부터 시행된 '청약가점제' 로 주택을 분양받기 어렵게 되면서 내 집 마련의 기회가 상대적으로 적어지게 됐다. 무주택기간 기산점이 만 30세가 되면서 20대 독신자는 무주택자라도 가점제 경쟁에서 탈락하게 되기 때문이다. 예를 들어 29세 통장가입 2년 6개월 독신자는 가점이 4점이다. 반면 같은 나이에 결혼 2년차, 통장가입 2년 6개월, 자녀 1명 기혼자는 가점이 20점이다. 인기 아파트 청약에선 당락을 결정짓기에 충분한 점수차다. 결국 독신자는 추첨제

가족도 없고...
보험도 없고....

이럴줄 알았다면....

에 도전하는 것 외에는 뾰족한 방법이 없다. 20대 독신자가 새 아파트를 장만하기가 어려워진 셈이다. 그렇다고 해서 내 집 마련을 포기할 수는 없다. 내 집이 있다면 주택금융공사의 주택연금(역모기지론)을 활용해 은퇴 후 고정적인 연금을 수령할 수 있기 때문이다. 따라서 굳이 청약만 고집할 게 아니라 비과세 장기주택마련저축 또는 펀드에 가입해 장기적으로 종자돈을 마련하도록 하자.

▮ 은퇴 후 연금생활이 가능하도록 설계하라

독신자 역시 은퇴 후에는 연금생활이 가능하도록 해야 한다. 이를 위해서는 국민연금, 퇴직연금과 더불어 개인연금을 추가로 가입해 기초적인 생활이 지속될 수 있도록 한다. 특히 독신자는 재산을 상속할 자녀가 없기 때문에 사망하기 직전까지 그동안 모아둔 재산을 모두 사용할 수 있도록 해야 한다. 예를 들어 시가 6억원짜리 집이 있다면 주택연금으로 매월 고정적인 연금을 받으면 된다.

[자산관리의 블루오션 'CMA']

증권사의 CMA(Cash Management Account)가 자산관리의 블루오션(Blue Ocean)으로 자리잡아가고 있다. 한국증권업협회에 따르면 2007년 10월 26일 현재 국내 20개 증권사의 CMA계좌수는 422만4,239개로 423만개에 육박한다. 잔액 규모도 25조592억3,700만원으로 25조원을 넘어섰다. CMA에 관련된 통계가 본격화한 2006년 6월 말 기준의 계좌수와 잔액 규모는 각각

[증권사별 CMA 현황]			
구분	운용대상	수익률(개인)	연계계좌
동양종금증권	＊종금CMA – 우량기업어음, 채권 등 ＊RP – 우량채권 ＊종금CMA, RP형 중 수신선택 변경 가능	＊종금CMA – 연 4.5~5.3%(투자기간별 차등) ＊RP – 연 4.8~5.0%(투자기간별 차등)	우리, 국민, 농협 ,신한, 씨티
우리투자증권	＊RP – 우량채권 ＊MMF ＊종금형 CMA	＊RP – 연 4.8~4.9%(고객등급별 차등) ＊MMF – 연 4.7~4.8%(실적배당) ＊종금형CMA – 4.8% 수준	국민, 우리
현대증권	＊RP – 우량채권 ＊법인용 특판RP ＊MMF	＊RP(일반RP) – 연 4.8%(1~30일) 연 4.9%(31일~90일) ＊법인용 특판RP – 연 5.0%(단일금리) ＊MMF – 현대 와이즈 프리미엄 MMF1호(실적배당)	우리
미래에셋증권	＊RP – 우량채권	＊RP – 연 4.7~4.8%(투자기간별 차등)	국민, 우리
삼성증권	＊MMF ＊RP	＊MMF, RP – 연 4.8%	우리
한국투자증권	＊RP	＊RP – 연 4.8~4.9%(투자기간별 차등)	국민, 우리
굿모닝신한증권	＊RP – 우량채권 ＊AA–등급 이상 투자 가능	＊RP – 연 4.8~4.9%(투자기간별 차등)	신한

자료 : 각 증권사, 2007. 10월말 기준
주: 각 증권사가 제시한 수익률은 가입시점에서 변동될 수 있으므로 반드시 해당 증권사에서 문의 및 확인해야 함

72만9681개와 2조7,727만8,000만원이었다. 불과 1년 4개월 사이에 계좌수는 5.8배, 잔액은 9.1배로 증가하는 등 폭발적인 신장세를 보이고 있다.

이같은 폭발적인 CMA의 성장세는 어떤 요인 때문일까? 은행권의 저원가성 수시입출식예금보다 높은 수익률을 제공하고 때문이다. 은행권 수시입출식예금은 물가상승률보다 다소 높은 금리를 주지만 CMA는 국공채, MMF(머니마켓펀드), RP(환매조건부채권), CP(기업어음), CD(양도성예금증서) 등 다양한 투자자산에 투자하기 때문에 수시입출식예금에 비해 연 2~3% 정도의 수익률을 더 받을 수 있다. 특히 큰 금액의 예치여부와 관계없이 적은 돈이라도 하루만 맡겨도 4.5% 이상의 이자를 더 준다는 것

이 최대 강점이다.

　CMA는 1977년 미국의 대형증권사인 메릴린치사가 개발한 복합금융상품으로 우리나라에서는 자본시장통합법 시행 이후 다양한 서비스가 제공될 것으로 보인다. 예를 들어 고객이 계좌에 보유하고 있는 MMF증권 등 유가증권을 담보로 한 수표의 발행, 신용카드 이용, 유가증권담보금융이라는 간편한 수신수단을 제공할 수 있다.

　CMA는 실적배당형상품으로 예금자 보호대상이 되지 않는다. 다만 종금형의 CMA는 예금자 보호대상이어서 5000만원까지 원금 보장을 받을 수 있다. 동양종금과 메리츠종금, 금호종금 등에서 판매한다. 다만 종금형 CMA는 다른 CMA보다 금리가 다소 낮다는 점이 약점으로 꼽힌다.

　CMA를 활용한 절세의 방법도 있다. CMA를 통해 받는 이자에는 보통 15.4%의 이자소득세가 붙는다. 하지만 생계형 CMA의 경우에는 이자소득세가 부과되지 않는다. 생계형 CMA는 생계형저축처럼 남자는 만 60세, 여자는 만 55세 이상인 고령자들만 가입할 수 있다. 따라서 부모님 명의로 생계형 CMA에 가입하면 비과세 혜택을 누릴 수 있다.

행복한 제2의 인생 만들기

은퇴를 했다고 해서 아무 하는 일 없이 인생 후반부를 보낼 수는 없다. 은퇴는 또 다른 인생의 시작이다. 젊어서 은퇴자금을 충분히 모아놓지 않았다면 은퇴 후에도 재취업을 고려해보아야 한다.

Rich Life Plan

6장

1 ‘일 vs 자유’ 무엇을 선택할 것인가

▌재취업

은퇴를 했다고 해서 아무 하는 일 없이 인생 후반부를 보낼 수는 없다. 은퇴는 또 다른 인생의 시작이다. 젊어서 은퇴자금을 충분히 모아놓지 않았다면 은퇴 후에도 재취업을 고려해보아야 한다. 5년 더 일하면 노후자금을 그만큼 더 모을 수 있다. 특히 은퇴 직후에는 아직 일을 할 수 있는 정력이 남아 있기 때문에 적극적으로 재취업을 고려해보아야 한다. 또 사회적인 분위기도 고령자의 재취업에 대해 호의적인 시각으로 변해가고 있다는 점도 긍정적이다. 정년 퇴직자들의 재취업이 활성화될 경우 산업계가 필요로 하는 전문인력의 생명력을 연장하고 산업적인 측면에서도 단기간에 만들기 어려운 숙련된 인력이 정년퇴직과 동시에 사장되는 것을 막을 수 있기 때문이다. 이런 이유 때문에 호주에서는 91세에 학위를 따고 새로 일자리를 찾는 사람도 있다. 일본 기업들은 아예 은퇴 후 재취업 프로그램(Out-placement Program)을 운용하는 곳도 많다.

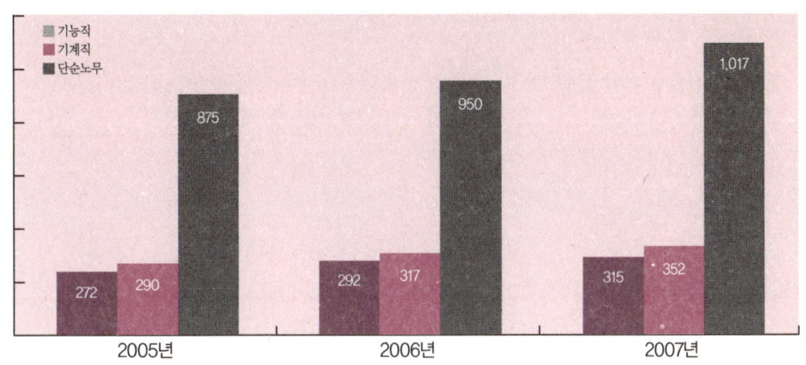

자료 : 통계청 '경제활동인구 부가조사 결과' 2007. 7

하지만 우리나라의 퇴직자들은 어떤가. 일자리를 찾는 이는 부쩍 늘었지만 필요한 지식과 경험을 쌓기 위해 공부하는 사람은 극히 드물다. 실제로 OECD가 조사하는 국제성인 문해력조사(IALS)에 따르면 세계 주요 국가들의 성인평생학습 참여율은 44.0%로 나타난 반면 우리나라 '사회통계조사'에 따르면 우리나라 성인의 1년 동안 평생학습 참여율은 23.4%로 저조한 편이다. 직무관련 평생학습 참여율은 14.1%에 불과하다. 상황이 이렇다보니 은퇴 후 재취업한 고령자의 대부분이 단순노무직에 종사하는 경우가 많다.

실제로 통계청 경제활동인구 부가조사 결과에 따르면 2007년 5월 기준 단순노무직에 종사하는 고령층은 101만7,000명으로 전체 고령층 취업자 중 23.3%로 조사됐다. 관련 통계가 처음 작성됐던 지난 2005년 5월에는 87만5,000명(22.2%)이었으니 불과 2년 만에 14만2,000명이 늘어난 셈이다. 같은 기간 전체 고령층 취업자는 42만3,000명 증가했다. 이와 함께 기능직 종사자는 31만5,000명(7.2%), 장치·기계조작 및 조립종사자는 35만2,000명(8.0%)으로 단순노무직과 합쳐 38.5%를

1. 컴퓨터와 친해져라 - 취업 정보는 인터넷에 모인다
2. 눈높이를 낮춰라 - "내가 왕년에…"는 과거일 뿐이다
3. 이력서에 공들여라 - 인맥과 경력을 구체적으로 적는다
4. 규칙적으로 운동해라 - 기업주는 고령자의 건강부터 생각한다
5. 발품을 팔아라 - 취업행사나 알선기관을 자주 찾는다
6. 재취업 교육을 받아라 - 유망 자격증을 따는 것도 좋다
7. 취업일기를 적어라 - 자신의 고쳐야 할 점이 보인다
8. 미리 준비하라 - 재직 중에 퇴사 후를 위해 능력개발을 한다
9. 서두르지 말라 - 허위 과장광고에 취업사기를 당할 수 있다
10. 의기소침하지 말라 - 가장 중요한 것은 자신감과 열정이다

자료 : 인크루트

[고령자 취업 및 창업 소개 기관]

▲ 서울시 고령자취업알선센터 www.noinjob.or.kr 1588-1877.
▲ 대한노인회 노인취업알선센터 www.koreapeople.co.kr (02)713-1015
▲ 대한은퇴자협회 고령자인재은행 www.karpkr.org (02)456-0308
▲ 고용지원센터 jobcenter.go.kr 1588-1919
▲ 고령자워크넷 senior.work.go.kr 1544-1350
▲ 한국노인인력개발원 www.kordi.or.kr (02)6203-6901~7
▲ 한국시니어클럽협회 www.silverpower.or.kr (02)747-5508
▲ 노사공동재취업센터 www.newjob.or.kr (02)368-2300
▲ 경총 아웃플레이스먼트센터 www.nextjob.or.kr(02)3273-2900

차지했다. 전체 경제활동인구 중 단순노무직 종사자 비율은 11.9%로 고령층 단순노무직 종사자 비율의 절반 수준임을 감안할 때 고령인구 증가에 따라 고령층 경제활동인구가 매년 늘고 있지만 상당수가 경험을 살리지 못하고 단순노무 및 기능직 노동력으로 소진되는 셈이다.

따라서 은퇴 후 재취업을 너무 쉽게 생각해서는 안 된다. 정년퇴직 전 은퇴 후 어떤 일을 할 수 있을까에 대해 미리 생각해보아야 한다. 은퇴 후 재취업을 고려한다면 그에 맞는 직무능력 향상에 힘쓰도록 한다. 특히 공공기관이나 대기업에서 일하다가 정년퇴직을 한 사람들에게 재취업을 해서 일한다는 것은 더욱 힘들다. 재취업 후 만족스럽게 직장생활을 하기 위해서는 몇 가지 마음가짐이 필요하다. 첫째, 은퇴 후 재취업을 하게 되면 임금수준이 낮은 것은 당연하다. 고령자가 되어서도 일할 수 있다는 자체만으로 행복하다고 생각하자. 둘째, 재취업한 직장을 은퇴 전 직장과 비교하지 말아야 한다. 은퇴 후 취직한 직장은 은퇴 전에 담당했던 일과는 180도 다르다. 자질구레한 청소도 해야 하고 젊은 사람한테 험한 말도 들을 수 있다. 이 모든 것을 참아야 재취업에 도전한 의미가 있다.

▍창업

"퇴직하면 창업이나 해볼까?" 퇴직이 빨라지고 기대수명이 늘어나면서 은퇴 후 창업에 대한 관심이 높아지고 있다. 하지만 대형 체인점과 할인점이 소비의 중심에 서 있는 가운데 준비없는 창업은 폐업 신고로 가는 지름길이 될 수 있다는 점을 명심해야 한다.

중소기업특별위원회의 자영업자 실태조사에 따르면 2003년 현재 자영업자수는 모두 240여만명으로 전체 중소기업의 80%에 해당하고 자영업 종사자 비중은 29.5%로 OECD 국가 중 2위를 차지하고 있다. 최근 3년간 전체 점포 중 66.7%가 매출 감소를 호소하고 있고 해마다 50만명의 자영업자가 탄생하지만 이 가운데 40만명은 1년도 안 돼 사업을 접는 등 창업대비 폐업비율은 87.6%에 달하고 있다. 실제로 국세청에 따르면 폐업 신고한 개인사업자 4명 중 한 명은 1년도 못 버틴 것으

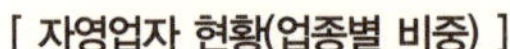

[자영업자 현황(업종별 비중)]

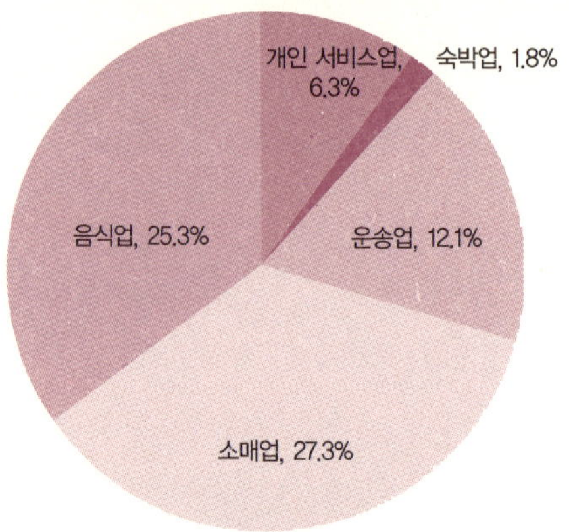

[자영업자 현황(매출현황)]

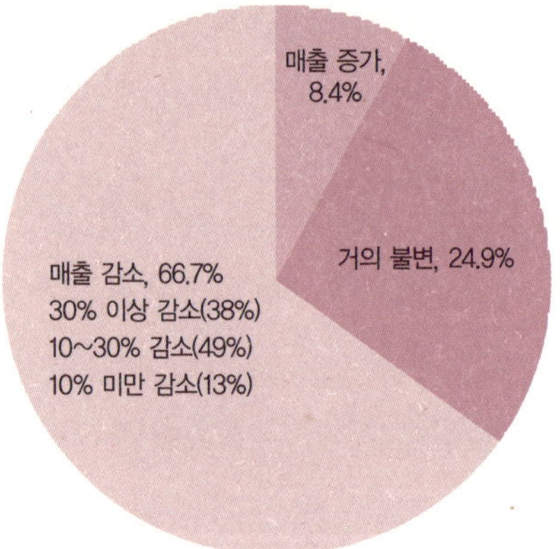

자료 : 중소기업특별위 2003년 말 현재

로 나타났다. 특히 요식업이나 도·소매업은 창업 뒤 1년 이내 폐업하는 비율은 30%를 넘어선다. 2005년에 폐업을 신고한 개인사업자는 총 75만3,994명으로 이중 1년도 채 안 된 상태에서 폐업한 사례는 20만 8,461명에 달했다. 1년 이내 폐업 비율이 27.6%이나 되는 셈이다. 특히 요식업과 도·소매업에서 1년 이내 단기 폐업이 집중되면서 신중하

[고령자 창업자금 지원 현황]

구분		소상공인 창업자금	중소벤처기업 창업자금 (중소기업진흥공간을 통한 융자지원)
지원대상		소상공업을 창업하고자 하는 자 및 영위하고 있는 사업자 ※ 제조업, 광업, 건설업, 운송업 상시근로자 10인 미만 ※ 도·소매, 숙박·음식업 등 기타 업종·상시근로자 5인 미만	예비창업자 또는 창업 후 3년 미만의 가동, 벤처기업
지원조건	대출금리	연 5.9%(변동금리)	연 4.9%(변동금리)
	상환방법	상환기간 5년 – 1년 거치후 4년간 대출금액의 70%를 3개월마다 균등분할상환, 나머지 30%는 상환기간 만료시 일시상환	※ 시설자금 8년 이내 (3년거치 5년분할상환 – 3개월 또는 6개월 분할상환) ※ 운전자금 5년 이내 (2년거치 3년분할상환 – 3개월 또는 6개월 분할상환)
	대출한도	최고 5,000만원 이내	업체당 최고 10억원 이내(운전자금은 5억원)
지원절차	신청서류	추천신청서 및 사업계획서 작성 제출(www.sbdc.or.kr[소상공인종합정보시스템] ⇒ 자료실 ⇒ 서식에서 내려받기하여 사용가능), 사업자등록증 사본, 사업장 임차계약서 사본, 신분증, 도장	신청서 및 사업계획서 작성 제출(www.digitalsme.com[중소기업진흥공단 – 중소기업정보은행] 기업인의 방 ⇒ 서식에서 내려받기하여 사용가능)
	지원방법	※ 상담과 서류를 평가해 평점이 55점 이상인 경우 추천 ※ 신청인 경영능력, 사업계획실현가능성, 자금조달능력, 신청금액의 적정성 등 ※ 여성소상공인, 장애인에게 추천 평가시 가점 5점 부여	사업평가 후 우수기업에 대한 융자지원
	대출 신청처	시중 및 지방은행	중소기업진흥공단 각 지역본부

자료 : 한국산업인력공단 중앙고용정보원

지 못한 창업을 한 것으로 나타났다. 이같이 준비되지 않은 창업은 결국 퇴직금만 날리게 됨으로써 노후생활을 위협할 수 있다. 따라서 은퇴 후 창업을 할 때는 다음과 같은 사항을 반드시 고려해야 한다.

1. **충분한 자금마련이 필수다.** 사업을 하다보면 뜻하지 않은 곳에 자금수요가 발생하는 경우가 많다. 따라서 사업을 시작하기 전부터 자금마련 계획을 꼼꼼히 세워두어야 한다. 창업자금은 본인의 여윳돈으로

하는 것이 가장 좋은 방법이지만 이는 자금 형편상 쉽지 않다. 따라서 금융기관으로부터 대출(소상공인 창업자금)을 받거나 정부의 정책자금(중소벤처기업 창업자금)을 이용하면 된다. 소상공인 창업자금을 희망하는 예비 창업자들은 평소 주거래은행을 정해놓고 예금 자동이체, 신용카드 결제, 환전 등 거래를 집중하는 것이 유리하다. 특히 소상공인 창업자금이나 중소벤처기업 창업자금을 받기 위해서는 사업계획서를 제출해야 한다. 치밀한 사업계획서를 작성할 경우 자금 지원도 원활화게 받을 수 있기 때문에 꼼꼼한 준비가 반드시 필요하다.

2. 초기 창업자금은 최소화하고 창업자금의 50% 이상은 자기자금으로 해야 한다. 창업자금이 부족하다고 해서 무리한 대출을 하게 되면 이자 부담뿐만 아니라 심적 부담도 크다. 따라서 최소한 점포 구입비용만이라도 자기자본으로 할 수 있도록 해야 한다. 자금 규모가 결정되면 창업소요자금표를 꼼꼼히 작성해두어야 한다. 점포 임차와 시설 등의 자산을 구입하는 시설자금과 개업초기 운영경비로 지출되는 운전자금, 그리고 인건비, 재료비 등 예비자금을 나누어 상세하게 계획을 짤수록 위험을 줄일 수 있다.

3. 창업을 준비하기에 앞서 프랜차이즈 가맹 창업을 할 것인지, 독립점포로 할 것인지를 결정해야 한다. 프랜차이즈는 브랜드의 인지도, 창업과 관련된 노하우, 마케팅 지원, 체계적인 교육 지원 등으로 독립점포보다 창업비용이 상대적으로 많이 든다. 하지만 독립점포보다는 성공가능성이 높고 복잡한 창업과정을 본사에 의존할 수 있다는 장점이 있다. 반면 독립점 창업은 창업 초기단계인 입지 선정에서부터 업종 선정, 점포 건설, 상품의 구입과 판매, 운영, 홍보 등을 모두 스스로 판단해야 하기 때문에 실패 위험이 높다. 하지만 창업비용이 적게 들기 때

문에 창업자금이 부족한 경우 유리하며 프랜차이즈 본사의 압력을 받지 않아 개인의 입맛대로 운영할 수 있는 장점이 있다.

4. 업종을 신중히 선택해야 한다. 최근 창업 업종은 범위가 넓어 선택이 쉽지 않다. 이때는 경험으로 승부해야 한다. 자신이 경험이 있거나 취미가 있는 분야를 사업화하게 되면 실패 확률을 줄일 수 있고 두려움과 단절감을 줄여준다. 그동안 형성한 인맥 활용도 수월하다. 창업 아이템은 시대 상황에 맞게 고르도록 한다. 건강이 시대의 추세일 때는 건강에 도움이 되는 분야가 각광을 받으며 인터넷이 시대 흐름의 주역일 때는 인터넷 관련산업이 유망할 수 있다. 이런 점에서 현재는 물론 중장기적으로 시대 흐름을 이어갈 수 있는 아이템을 선정해야 한다. 한때 반짝 유행하는 아이템은 아닌지도 객관적으로 검토해야 한다.

5. 입지 선정은 철저한 상권분석을 통해 정하도록 한다. 소자본 창업일수록 입지 선정이 성패를 좌우할 수 있다. 좋은 입지는 별다른 노력 없이도 위치 자체만으로 많은 사람을 끌어들일 수 있는 곳을 말한다. 하지만 장사가 잘되는 지역이 입지여건이 좋은 지역인 만큼 대부분 높은 임대료에 권리금까지 있어 초기투자비가 많이 들 뿐 아니라 매물도 많지 않아 선택이 어렵다. 따라서 입지와 업종 선정을 연결시켜 생각해야 한다. 업종에 따라 그에 맞는 입지가 다르기 때문이다. 그렇기 때문에 입지 선정에 상권조사는 필수다. 상권조사는 대상 점포를 중심으로 500m 이내의 1차 상권과 500~1,000m 이내의 2차 상권으로 나눠 조사한다. 그 범위 내에 있는 유사업종을 표시한 약도를 그리고 업종과 점포크기, 상호, 상품 구성, 가격대 등을 조사한다.

6. 친구 따라 강남가서는 안 된다. 퇴직자들이 창업에 나설 때는 시대의 트렌드를 타는 것도 좋지만 한때의 유행에 치중하다보면 실패를

보는 경우가 많다. 과거 비디오가게부터 노래방, PC방, 찜닭 전문점, 토스트 가게 등이 이러한 전철을 밟아왔다. 이미 트렌드라고 말이 나온 지 꽤 되는 시기에는 그 업종에 들어가면 레드오션(Red Ocean)이 돼 있는 경우가 많기 때문이다. 실제로 한 업종에 대해 체인 본사 20개사가 50개씩만 가맹점을 모집한다고 가정하면 전국에 순식간에 한 업종의 점포는 1,000개로 불어난다. 1,000개의 점포가 생기면 웬만한 주거지나 상업지역에는 적어도 경쟁업체가 4~5개가 생겨난다. 서울 신촌, 종로, 강남역 등 유동인구가 많은 곳은 같은 프랜차이즈 점포까지 우후죽순격으로 들어서면서 순식간에 경쟁점포는 10개 이상으로 늘어난다.

특히 한국전쟁 후 출생한 1차 베이비부머들의 퇴직시기가 다가오면서 이러한 경향은 더욱 짙어질 전망이다. 통계청에 따르면 1955~63년에 태어난 1차 베이비부머 세대는 우리나라 전체인구의 15.6%를 차지한다. 비슷한 베이비부머인 일본의 단카이세대의 5%와 비교하면 세배가량 많은 인구다. 이들이 서서히 직장에서 퇴직을 준비하고 있는 것이다. 때문에 '어느 직종이 창업에 유망하다'고 말이 나온 후면 이미 그 직종은 블루오션에서 레드오션으로 바뀌고 난 뒤다. 따라서 유행업종과 유망업종의 경우 사업 타당성과 위치를 분석, 구별해내는 안목을 기르는 게 중요하며 이는 지금이 아니라 3~5년 후에도 유망한가를 따져보는 것이 중요하다. 자신 있는 업종이 유행업종의 가운데 있다면 일단 상품 및 서비스 가치 제공의 기본에 충실하는 한편, 처음부터 좋은 입지를 선택하는 것이 자생력을 갖추는 비결이다. 따라서 앞으로 트렌드가 조성될 것으로 보이는 업종은 자신이 잘 아는 전문분야이거나 자신의 취미와 맞는 분야를 선택하는 게 우선이고 시대 상황으로 수요가 요구되는 업종이다.

7. 창업과 관련된 커뮤니티를 적극 활용하도록 한다. 현재 활동 중인 '창업가이드(cafe.daum.net/today119)' 는 창업과 관련한 프로슈머들의 모임으로 창업과 관련된 다양한 정보를 얻을 수 있다. '창업가이드' 는 창업 아이템을 보유한 프랜차이즈 본사와 예비 창업자의 연결고리를 하고 있으며 실패 경험을 가진 창업자들의 조언도 들을 수 있다. 따라서 예비 창업자들은 이러한 커뮤니티를 통해서 창업 실패 확률을 줄일 수 있다.

고령자 창업의 체크리스트

1. 재기하기 힘든 나이이므로 무엇보다 안정성에 중점을 두고 업종과 입지를 고른다.

2. 노후자금을 창업자금으로 다 쓰면 위험하다. 일부만 투자해 최악의 상황을 준비해야 한다.

3. 프랜차이즈에 가맹할 때는 업종이 유망하다고 내세우는 곳보다 사후 관리를 잘해주는 곳을 고른다.

4. 가급적 경험을 살릴 수 있는 업종을 고른다. 노년층을 겨냥한 업종도 좋다.

5. 은퇴 전의 지위를 잊고 철저한 서비스 정신으로 무장해야 한다.

6. 벌이도 좋지만 힘이 든 업종은 피하는 것이 좋다.

7. 가족 · 친척 · 동료 등 주변의 인적 네트워크를 적극적으로 활용해 최대한 도움을 받는다.

자료 : FC창업코리아(www.changupkorea.co.kr)

2 제2의 인생을 어디에서 살까

▎전원주택

은행 지점장인 김정무씨(46세). 날이 갈수록 일하기가 더 버거워진다. 그래도 김정무씨가 위안을 삼는 것이 있다. 1년 전 매입해 놓은 시골 땅 생각이 나면 자기도 모르게 미소를 짓는다. 김씨는 은퇴 후 이곳에 전원주택을 짓고 사는 게 꿈이기 때문이다.

김씨와 같이 은퇴 후 전원에서 노후를 보내겠다는 사람들이 증가하고 있다. 농림부가 서울 및 6대 광역시에 거주하는 베이비붐 세대(1955~1963년생) 1,000명을 대상으로 설문조사를 실시한 결과 56.3%가 '은퇴 후 농촌지역으로 이주할 계획'이라고 답했다. 이중 41.4%는 실제 이주준비를 하고 있었다.

이같이 은퇴 후 농촌지역으로 이주할 생각이 있는 사람은 자신이 직접 전원주택을 지을 경우 부지 확보에서 조경, 그리고 마을 주민과의 친밀성 확보까지 적어도 2년 이상을 고려해야 한다. 특히 준비없이 전원생활을 희망하는 도시민은 지방자치단체가 한창 건설 중인 전원마을에 관심을 가져볼 필요가 있다.

정부가 지자체와 연계해 조성하는 전원마을의 가장 큰 장점은 신뢰도와 경제성이다. 우선 일반 전원주택 단지와 달리 부도가 날 가능성이 적다. 또 도시민을 유치해 지역 공동화를 막기 위해 지자체가 상하수도·도로·전기 등을 지원하기 때문에 입주비용이 저렴하다. 최소 20가구 이상으로 구성된 '단지' 형태여서 생활비도 절약된다. 지자체가 지원하는 '도시민 은퇴마을'은 강원·충청·경상·전라도 등 전국 22곳에 퍼져 있다.

22개 전원마을의 입주가구 규모는 총 2,959가구. 마을별로는 강원도 평창군 비안마을의 입주가구수가 800가구로 가장 많고 경북 봉화군 부랭이 파인토피아 561가구, 충남 금산군 천내 497가구, 경남 함양군 보산 278가구, 전북 순창군 금과 200가구 등이다. 주택 유형별로는 타운하우스 등 단독주택형이 1,373가구, 공동주택은 1,586가구이다. 주택규모는 평균 29평이지만 15평에서 60평까지 다양하다. 가구당 입주비용(부지구입 및 주택건축비용 포함)은 평균 1억8,200만원이며 전북 무주군 무풍마을 15평형이 8,400만원으로 가장 낮고 충남 천내마을 40평형이 3억2,000만원으로 가장 높다.

20개 시·군은 2007년부터 본격적인 전원마을 조성을 추진하고 있으며 서예, 텃밭가꾸기, 간이골프장 등 취미 프로그램도 운영할 예정이다. 12개 마을에서는 약초 재배 등 입주자 소득지원 프로그램을 계획하고 있다. 전원생활에 관심이 있는 도시민은 농어촌종합정보포털(www.nongchon.or.kr) 정보관에서 필요한 정보를 얻을 수 있다. 전원마을 조성사업은 오는 2013년까지 300곳 조성을 목표로 추진된다.

도시민이 전원마을에 입주하면 양도세를 줄일 수 있는 이점도 얻게된다. 도시 주택을 갖고 있는 사람이 전원마을 주택을 매입한 후 기존 주택을 팔 경우 양도세가 비과세되는 특례조항 덕분이다. 다만 수도권·광역시를 제외한 읍·면 지역에 소재하는 주택을 2003년 8월1일~2008년 12월 31일 취득해 3년 이상 보유한 뒤 기존 주택을 파는 조건이다. 또 면적은 대지 200평, 전용 45평 이내여야 하고 취득 당시의 기준시가가 7,000만원(양도 당시엔 1억원) 이하여야 한다.

전원마을 주택은 지역에 따라 다소 차이가 있지만 방 2~3개에 조그만 텃밭을 갖고 있어 분양가가 최소 8,000만원에서 2억원을 넘는 곳도 있다. 하지만 분양가가 비과세 기준인 7,000만원을 넘어도 시골의 경우 기준시가가 시세의 3분의1 정도에 불과하기 때문에 호화 별장 형태를 제외하고 대부분 비과세 혜택을 받을 수 있다.

전원마을에 입주할 때는 건축비에 대해 가구당 3,000만원 한도 내에서 5년 거치(이자만 내는 기간) 15년 상환 조건으로 연 3~4%대의 저리 대출을 받을 수 있다. 이와 별도로 정부에서 지원하는 전원마을 조성부지가 농지일 경우 농지 전용(轉用)에 따른 농지보전부담금 감면 혜택도 누릴 수 있다. 하지만 각 지자체가 추진하는 전원마을 조성사업이 예상보다 지연될 가능성도 있는 만큼 실제 입주 때까지 여유를 갖고 준비하는 게 좋다. 또 입주비용 및 생활비, 자녀 등 가족과의 거리, 은퇴 후 취미생활도 꼼꼼히 따져봐야 한다.

▎ 실버타운

고령화가 빨라지고 출산율이 떨어지면서 노후에 자식에게 기대지 않고 편안히 살 수 있는 실버타운에 대한 관심이 높아지고 있다. 실버타운은 대체로 노후생활을 하는 데 필요한 의료시설, 오락시설, 체력단련시설 등을 갖추고 있으며 식사관리, 생활편의, 건강의료 등의 서비스를 제공하고 노인들이 안락한 노후를 보내기에는 최적이다. 특히 황혼을 같이 보낼 또래 노인들이 있어 외롭지 않게 일상 생활을 즐길 수 있다.

'실버타운' 이라는 단어는 우리나라에서만 쓰고 있는 '콩글리쉬' 다. 흰 머리카락을 비유하여 노인들과 관련된 산업을 표현하기 위하여 일본에서 만든 실버산업에서 실버를 따서 영어단어 타운과 합성한 것이다. 실버타운과 비슷한 개념의 유료 노인주거시설을 일본에서는 '유료노인홈', 미국은 1960년대부터 남부지역을 중심으로 형성된 노인들의 주거지역을 '노인촌락(Retirement Community)' 이라고 부른다. 한국에 처음 들어선 실버타운은 1988년 7월 경기도 수원시 장안구 원동에서 문을 연 유당마을이며 사회복지법인 재성이 운영하고 있다. 민간기업이나 개인도 유료 노인복지시설을 설치·운영할 수 있도록 법률 제4633호에 의하여 1993년 12월 27일 노인복지법이 개정되면서 전국 각지에 많은 수가 지어졌다. 다만 관리 부실과 운영업체의 도산 등으로 많은 문제점이 노출되고 있다.

실버타운의 입주방식은 분양, 종신이용권, 회원권, 임대 등이 있다. 거주형태에 따라서는 단독주거형과 공동주거형으로, 들어선 장소에 따라서는 도시형, 도시근교형, 전원휴양형 등으로 구분된다. 입주비용은 환경과 각종 서비스 내용 등에 따라 큰 차이가 난다. 실버타운에 대해 가장 알고 싶은 사항을 중심으로 다음과 같이 정리해보았다.

1. 누가 입주하나. 실버타운은 노인복지법에 따라 '유료 양로시설' 과 '유료 노인복지주택' 으로 나뉜다. 입주자격은 60세 이상으로 제한된다. 부부인 경우 한 사람만 60세가 넘으면 된다. 입주자 평균 나이는 70대 초중반. '2006년 실버세대 조사' 에서도 실버타운 입주계획을 적극적으로 가진 연령층은 70세 이후로 나타났다. 사설 실버타운의 경우 입주 보증금, 분양가격이 비교적 비싼 편이기 때문에 입주자들 경우 대부분 전문직 출신이거나 연금 소득이 있는 공무원, 월세 수입을 가진 자산가인 경우가 많다.

다만 실버타운 입주는 '단독 취사 등 독립된 주거생활이 가능한 사람' 으로 제한된다. 중증 질환을 앓고 있거나 간병인의 간호가 필요한 사람들은 입주할 수 없다. 이 경우 실버타운으로 불리는 '노인주거복지시설' 이 아니라 요양시설로 불리는 '노인의료복지시설' 을 찾아야 한다.

2. 입주비 및 월 생활비는 얼마나 드나. 실버타운은 임대형과 분양형으로 크게 나뉜다. 용어만 조금 다를 뿐 큰 차이는 없다. 평당 분양 대금과 임대 보증금에 큰 차이가 없기 때문이다. 가장 큰 차이는 분양형의 경우 일반 아파트와 마찬가지로 해당 주택에 대한 소유권이 인정되지만 임대형은 임대 보증금 형태로, 이용이 끝나면 보증금을 돌려받는

다는 점이다. 입주비용은 평균 평당 1,000만~1,500만원대이다. 입지에 따라 다르지만 최근 도심형 실버타운이 각광을 받으면서 분양가 역시 계속 높아지는 추세다.

월 생활비는 각 실버타운에서 제공하는 서비스에 따라 다르다. 가장 많은 실버타운을 운영하는 서울 시니어스타워의 경우 식비, 청소비, 건강관리비, 기타 비용 등이 포함된 1인당 월 생활비는 60만~70만원 수준이다. 여기에 평당 150만~300만원에 달하는 운영 선납금의 기회비용을 생각하면 생활비는 90만원~120만원 수준으로 높아진다. 가장 생활비가 비싼 곳으로 알려진 삼성 노블카운티는 1인당 160만원 이상이 필요하다.

3. 투자 가치는 얼마나 있을까. 실버타운을 분양받으려고 할 때는 청약통장이 필요 없고 전매도 허용된다. 그러나 실버타운은 다른 부동산 상품과 달리 복지시설로 분류되고 거주자격에 엄격한 제한이 있다. 특히 소유권자와 실입주자 모두 60세 이상이어야 한다. 이에 따라 수요층은 그만큼 제한적일 수밖에 없다. 부동산 투자에 있어 환금성이 매우 중요하다는 점을 고려하면 실버타운의 투자 매력이 높은 편은 아니다. 몇몇 인기 있는 곳의 경우 분양가보다 현 시세가 조금 높게 형성돼 있는 곳도 있지만 프리미엄이 높은 수준은 아니다. 따라서 투자 수요보다는 실수요 위주로 접근해야 한다. 또 임대형 실버타운의 경우 임대 보증금 형식이기 때문에 투자 대상 자체가 될 수 없다. 따라서 투자 가치를 볼 게 아니라 직접 생활하면서 누릴 수 있는 혜택을 먼저 고려해야 한다.

4. 1가구 2주택에서 면제되나. 실버타운 가운데 유료 노인복지주택으로 분류되는 분양형 실버타운은 주택법이 그대로 적용된다. 따라서

기존 주택 외에 실버타운을 분양받는다면 1가구 2주택자가 된다. 이럴 경우 양도소득세 면제 혜택을 받을 수 없다. 그러나 실버타운 가운데 유료 양로시설로 분류되는 임대형 실버타운은 보증금 형태로 운영되기 때문에 1가구 2주택에서 제외된다.

5. 전원형과 도심형 중 어느 곳이 좋을까. 어느 곳이 좋다고 정답을 내리기 어렵다. 개인의 취향에 따라 답이 달라지기 때문이다. 일반적으로 전원형의 경우 쾌적한 자연환경과 여유로운 전원생활이 가능해 70대 이상의, 비교적 고령자들에게 인기가 높다. 분양가 역시 도심형에 비해 훨씬 저렴한 편이다. 반면 교통환경이 좋지 않아 자녀, 친척들이 방문하기가 쉽지 않고 문화생활이 힘들다는 단점이 있다. 한때 실버타운이 대부분 전원형으로 지어졌지만 최근 도심형 실버타운이 부쩍 증가하는 것도 같은 이유다.

최근에는 도심형 실버타운이 인기를 끌고 있다. 자녀, 주변 친구들과의 접근이 쉽다는 장점이 부각되고 있기 때문이다. 반면 도심형은 높은 땅값으로 분양가가 높을 수밖에 없어 경제적인 부담이 있다. 따라서 자신의 성격과 경제력을 충분히 감안하고 실버타운 유형을 선택해야 한다.

6. 실버타운 선택시 고려할 사항. 아파트는 분양으로 사업이 모두 끝나지만 실버타운은 분양이 사업의 시작이라고 볼 수 있기 때문에 실버타운 운영자에 대한 신뢰도가 중요하다. 운영자에 대한 객관적 정보를 구하기 위해 운영 방법, 서비스 내용, 의료기관과의 연계 여부를 꼼꼼히 따져야 한다. 특히 임대 보증금 방식의 실버타운에 입주하려고 할 때는 보증금 반환에 대한 보증관계가 어떻게 처리되는지를 확인해야 한다. 실버타운 입주자들의 가장 큰 불만 가운데 하나가 자녀, 가족과

의 관계가 소홀해진다는 점을 고려하면 가급적 집이나 자녀, 친인척이
왕래하기 편리한 곳을 선택하는 게 좋다.

　7. 실버타운에서의 하루 일과. 다른 아파트에서 사는 것과 크게 다르
지 않다. 다만 실버타운에는 대부분 은퇴자들이 입주한 만큼 실버타운
내에서 취미활동이 가능하도록 운영된다. 철저하게 자유생활이 보장된
만큼 하루 일과는 개인 선택에 따라 다르다. 특히 최근에는 실버타운별
로 문화 여가활동과 아카데미 센터 등을 대폭 강화하고 있다. 입주자들
이 은퇴 후 자기계발에 가장 많은 관심을 보이기 때문이다. 실제 수영,
서예, 당구, 탁구, 골프 등 다양한 취미활동이 실버타운 내에서 이뤄지
고 있다. 일반적으로 교육비는 따로 책정된다. 비슷한 연배에 비슷한
경제력을 갖고 있는 사람들이 모여 있어 다양한 커뮤니티가 만들어져
있다. 식사는 구내식당에서 하는 경우가 대부분인데, 여성 입주자들이
선호하기 때문이다. 실버타운에서 제공되는 식사의 질은 중급 호텔 정
도로 보면 된다.

주요 실버타운 현황

▲ 경주노곡실버타운　http://www.reedsvalley.xo.st
▲ 삼성 노블카운티 http://www.samsungnc.com
▲ 서울시 중구 사이버실버타운 http://silver.junggu.seoul.kr
▲ 수동시니어타운 http://www.sudongtown.co.kr
▲ 인천해동재단 http://www.haedongsilver.com
▲ 창원시 사이버실버타운 http://silver.changwon.go.kr
▲ 피더하우스 http://www.pederhaus.com
▲ 명지 엘펜하임 http://www.elfenheim.co.kr
▲ 클라시온 http://www.classion.co.kr

┃ 은퇴이민

‘수영장이 딸린 커다란 집에서 가정부를 몇 명씩 두고 매일 골프를 치러다니는 풍요로운 삶.’

은퇴이민으로 화려한 인생 2막을 꿈꾸는 사람들이 많다. 적은 돈으로도 ‘황제’처럼 살 수 있다며 광고하는 이민 대행 상품들도 봇물처럼 쏟아져나오고 있다. 하지만 화려한 삶만 꿈꾸며 은퇴이민을 했다가는 큰 낭패를 볼 수 있다. 따라서 은퇴지를 선정할 때는 최소한 5~6차례는 현지를 방문해서 자료를 모아야 한다. 특히 생활비가 싸다고 무조건 은퇴지로 선정하는 것은 위험하므로 월 생활비가 얼마나 들어야 여유로운 삶을 즐길 수 있을지 꼼꼼히 따져보아야 한다.

우리나라 사람들이 선호하는 동남아지역을 중심으로 은퇴 이민지를 둘러보도록 하자.

▶ 한국인이 선호하는 동남아 은퇴 이민지

● 필리핀 · 태국

필리핀에서 노후생활을 보내려는 한국인이 급증하고 있다. 필리핀 은퇴청에 따르면 한국인 은퇴비자 취득자는 2006년 말 현재 1,181명으로 세계 1위다. 이는 2005년(371명)보다 218%나 증가한 것이다. 2006년 6월부터 은퇴비자 예치금이 만 35~49세는 7만5,000달러에서 5만달러, 만 50세 이상은 5만달러에서 2만달러로 각각 줄어든 것이 비자 취득자가 급증한 원인으로 꼽힌다.

우리나라 사람들이 선호하는 지역은 마닐라 북쪽 210km 지점에 위치한 여름 휴양지 바기오이다. 이곳은 해발 1300~1700m에 자리잡고

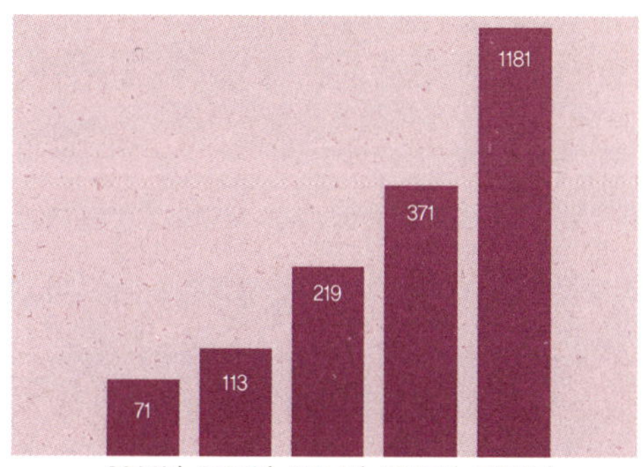

있어 사람들이 살기 좋은 온도(13~26도)를 유지하고 있다. 대통령 별장을 비롯해 필리핀 유력 인사들의 고급 주택이 밀집해 있으며 대학이 10여 개나 몰려 있는 교육도시이기도 하다. 소나무가 우거져 우리나라 자연환경과 닮아 친근감도 느끼게 해준다. 미군기지로 잘 알려진 수빅과 앙헬레스 역시 휴양지여서 장기 거주하기에 알맞다. 앙헬리스와 포락시 일대에서만 한국인들이 벌이고 있는 전원주택 건설사업만 모두 30여 만평 규모에 천여 세대에 이르고 있다. 마닐라 동남쪽 40km 지점인 타가이타이는 해발 200~700m에 위치해 더운 편이지만 습도가 낮고 그림 같은 해변(바탕가스)과도 가깝다.

국내 업체도 필린핀에 실버타운 조성을 위해 속속 진출하고 있다. 세현개발이 바탕가스 나수부에서 분양한 '임페리얼 실버타운(콘도미니엄 126실 및 회원형 콘도 45실)'은 2007년 6월 준공을 마쳤다. 부동산개발업체인 EA&G도 최근 현지법인을 설립하고 보라카이섬 인근 카라바오섬에서 실버타운 등의 개발을 추진하고 있다. EA&G는 조만간 필리핀 정부에 카라바오섬을 특별경제구역으로 신청할 예정이다.

필리핀 은퇴이민을 고려하고 있는 사람이라면 고국과의 왕래가 잦지 않은 만큼 주거형태와 거주지역 선택에 더 세심한 주의가 필요하다. 우선 필리핀에서는 아파트와 비슷한 개념의 콘도미니엄을 제외하고 원칙적으로 외국인의 부동산 소유가 불가능하다는 점에 유념해야 한다. 단독주택 등은 장기 임대를 하는 수밖에 없다는 애기다. 현지 교민 등은 주식회사를 만들어 단독주택을 포함한 다양한 부동산을 소유하는 게 일반화돼 있다.

그러나 회사를 만들 때도 외국인은 최대 40%의 지분만 소유할 수 있기 때문에 나머지 필리핀 현지인의 지분은 공증 등을 이용해 의결권을 위임받아야 한다. 간혹 현지인이 자신의 소유라고 우기는 경우도 있어 관리를 지속적으로 해야 한다. 두 차례 토지개혁을 거친 필리핀은 지주는 물론 소작농들까지 토지 소유권을 이중으로 보유하는 경우가 많기 때문이다. 따라서 자칫 소유권 분쟁에 휘말릴 수 있으므로 신중을 기해야 한다. 주거지역 선택도 중요하다. 순수 은퇴 이민자는 대부분 경치 좋고 한적한 곳을 선호하지만 실제 장기간 거주하려면 오히려 도심에 가까워야 한다. 도시생활에 익숙한 은퇴 이민자는 반드시 인적교류나 문화생활을 할 수 있는 도심 가까운 곳에 자리잡아야 성공적인 은퇴이민 생활을 할 수 있기 때문이다.

태국에서는 북쪽 치앙마이와 파타야, 후아힌 등 정통 휴양지가 은퇴이민 정착지로 꼽힌다. 치앙마이는 수도 방콕에서 비행기로 1시간 거리이고 고산지대여서 쾌적하고 인구가 적어 조용하다. 물가가 수도 방콕보다 훨씬 저렴해 장기 거주하기에 좋다. 외국인을 위한 임대주택도 풍부하다. 콘도미니엄과 같은 공동주택에는 수영장 등 편의시설이 잘 갖춰져 있다.

● 베트남 · 말레이시아 · 피지

베트남에는 아직 이민제도(영주권제도)가 없다. 현재 베트남에 거주하기 위해서는 6개월마다 비자를 갱신하거나 베트남 자국민과 결혼시 발급되는 3년 거주증이 있어야 한다. 3년 거주증은 3년마다 갱신하게 되며 갱신비가 없고 영주권과 같은 효력이 있다.

베트남은 또 외국인에게 토지 및 주택 소유를 전면적으로 허가하지 않고 있다. 현재 베트남 정부에서 호치민과 하노이 등 4개 시에서 시험적으로 외국인에게 토지, 주택 소유를 허가하고 향후 전국으로 확대하는 법안이 심사 중이다. 하지만 이 법안이 통과된다고 하더라도 토지 및 주택의 소유자격이 ▲합법적으로 베트남에서 직접 투자활동을 하고 있는 자 ▲베트남을 위해 공헌하고 국가 주석이나 정부로부터 훈장이나 상패를 받은 자 ▲베트남에서 문화활동을 하고 있는 자 또는 베트남에서 연구하고 있는 과학자 ▲베트남 사람과 결혼하고 베트남에서 살고 있는 자 ▲베트남 국가 주석으로부터 명예국민을 인정받은 자 ▲베트남에서 합법적으로 부동산 경영허가서가 있는 외국인 투자기업들에 해당이 되고 베트남에 1년 이상 거주한 사람으로 제한된다.

따라서 베트남 이주를 희망하는 은퇴자는 집을 임대받는 방법밖에 없다. 호치민시 중심부에서 차로 20분 거리에 있는 남부 신도시 푸미홍의 아파트 임대료는 월 400~500달러 정도된다. 이렇게 비싼 이유는 푸미홍은 대규모 고급 주택택지로 조정되어 있어 골프장, 수영장, 외국계 병원 등 편의시설이 많기 때문이다. 이런 편리함 때문에 비싼 임대료에도 불구하고 푸미홍을 중심으로 이민자들이 집중적으로 거주하고 있다. 임대료가 싼 지역에서 거주하기 위해서는 호치민 외곽지역으로 나가야 하는 불편함을 감수해야 한다. 참고로 호치민시의 넓이는 서울의 3배 정도 된다.

말레이시아는 극히 특별한 경우가 아니고는 외국인의 장기 거주 및 취업에 따른 영주권, 시민권 획득이 현실적으로 불가능한 나라이다. 말레이시아 국내법에 의한 영주권 취득요건(신청을 위한 최소요건)은 다음과 같다.

▲정부가 필요로 하는 특수분야 공헌(가능)자 및 동 배우자와 6세 이하 동반 자녀

▲정부가 인정한 국가경제분야 공헌(가능)자 및 동 배우자와 6세 이하 동반 자녀

▲국적자와 혼인한 여자로서 혼인 후 5년 이상 지속적으로 국내 동반 거주자

▲국적자를 생부 또는 생모로 하는 6세 이하 아동

▲기타 특별히 정부가 인정하는 자

시민권의 경우 위에 해당하는 영주권 취득자로서 최소 12년 이상 지속적으로 국내 거주한 경우 시민권 부여에 관한 심의를 요청할 수 있다. 이같이 말레이시아에서는 시민권을 획득하기가 하늘의 별따기 만큼이나 어렵다. 이런 이유 때문에 현재 수도인 쿠알라룸푸르를 중심으

로 모여 살고 있는 한인들의 경우 대부분은 사업비자나 취업비자로 체류하고 있다. 말레이시아는 다만 우리나라와 일본을 대상으로 '말레이시아 마이 세컨드 홈(MM2H)' 이란 프로그램을 운영 중에 있다. 이 제도 역시 시민권 획득을 목적으로 한 것이 아니라 장기 체류에 따른 비자제도이다.

피지 역시 이민제도가 없으나 여러 가지 거주 허가제도(방문사증, 거주사증, 학생사증, 사업사증)를 가지고 있어 실질적으로 이민의 효과를 누릴 수 있다. 현재 한국인 이민자들은 수도 수바를 중심으로 폭넓게 거주하고 있다. 수바에서 차로 40~50분 떨어진 고급 주거지 퍼시픽하버도 추천할 만한 곳이다. 피지로 45세가 넘어서 은퇴이민을 신청할 경우 1억원 이상 자산증명으로 거주권을 신청할 수 있다. 또 5년이 지나면 시민권 취득이 가능하다.

[동남아국가 은퇴비자 발급 어떻게 하나?]

● 필리핀

특별영주 은퇴비자(SRRV)를 받는 게 유리하다. 한국인 등 외국인과 필리핀 시민권자면 받을 수 있다. 다만 35세 이상이어야 한다. 은퇴이민의 경우 보증금이 필요한데 ▲35~49세 7만5,000달러(미국 달러 기준) ▲50세 이상 5만달러 등이다. 은퇴청이 지정하는 은행에 6개월 이상 예치하는 조건이다. 연 50만원 정도를 내면 예치금을 찾아쓸 수 있다. 2년 이내에 10만달러 상당의 거주용 주택도 구입해야 한다. 은퇴비자를 받은 후에는 3년마다 갱신하면 된다.

● 말레이시아

2003년말부터 우리나라와 일본 등을 대상으로 '말레이시아 마이 세컨드 홈(MM2H)' 이란 프로그램을 운영 중이다. 이민 대신 장기 이주 비자제도다. 국적이나 인종에 관계없이 50세 이상일 경우 15만링기트(약 3,950만원)를 말레이시아 은행에 예치하거나 월 1만링기트(약 270만원) 이상 고정예금이 있다는 걸 증명해야 한다. 예치금을 담보로 대출(60% 미만)받을 수 있다.

50세 미만의 경우 두 조건이 모두 충족돼야 이민이 가능하다. 특히 월 소득은 연금 등 말레이시아 외부에서 발생돼야 한다. 비자를 받을 경우 내국인과 동일한 교육 혜택은 물론 신규차량 반입시 면세 혜택까지 부여된다. 부동산도 자유롭게 취득할 수 있다. 수속은 대략 3~4개월 정도 소요된다.

● 태국

50세 이상인 외국인이 80만바트(약 2,000만원)를 태국 은행에 예치하거나 월 미화 1,600달러 이상의 고정수입을 입증할 경우 1년 체류비자를 내준다. 매년 비자를 연장하는 방식이다. 하지만 '타일랜드 엘리트 카드' 가 운영하는 외국 은퇴자 유치프로그램에 참여하는 게 더 유리하다. 일종의 회원권 형태인데 가입비로 2만5,000달러, 연회비로 4만바트(약 120만원) 정도를 내면 된다. 양도 및 환불이 가능하다. 골프 및 관광 등의 할인 혜택과 연장이 가능한 5년 기한 복수비자가 발급된다.

● 베트남

은퇴비자가 따로 없다. 6개월짜리 복수비자를 발급받아 6개월마다 갱신하는 방식이다. 어떤 식으로든 사업을 한다면 비자 갱신이 쉽고 비용(갱신비용 약 100달러)도 절감할 수 있다. 베트남은 사회주의 국가여서 원칙적으로 토지를 소유할 수 없다. 외국인은 주택 역시 소유할 수 없지만 장기 임대계약(약 40년)을 맺는 방식으로 안정적인 주거가 가능하다.

[동남아국가의 은퇴이민 조건]

나라	조건
필리핀	※ 5만~7만5,000달러 예치 ※ 2년 내 10만달러 주택 구입해야 ※ 3년마다 갱신
말레이시아	※ 마이세컨드 프로그램 ※ 50세 이상 15만링기트(약 4,000만원) 예치(예치금 60%까지 대출 가능)
태국	※ 은퇴비자제도 없음 ※ 50세 이상 80만바트(2,000만원) 예치하면 1년 체류 비자 ※ 타일랜드 엘리트카드 회원제 유리
베트남	※ 은퇴비자제도 없음 ※ 6개월짜리 복수비자로 6개월마다 갱신

● 피지

1. 방문사증 (visitors permits)

관광, 친지 방문 및 기타 일시 체류의 목적을 가진 방문객에게 2~4개월간 주는 사증

구비조건

– 유효기간 3개월 이상의 여권 또는 여행증명서

– 입국시 공항 이민국에서 신청

– 왕복 비행기표 및 피지 체류에 필요한 적정 규모의 자금

2. 거주사증(resident permits)

피지 이민국은 확실한 자금이 보장되거나 자금을 보유한 신청인에 한해 1~3년의 거주사증을 주고 있다. 지금까지는 이민규정에서 정부가 엄격하지 않았으나 2000년 3월 22일자로 개정된 이민 법안에 따르면 45세 이하는 거주사증을 부여하지 않는다. 따라서 거주사증은 은퇴한 사람의 휴양 등 영리를 목적을 하지 않는 신청인에게 국한한다는

의미를 분명히 했다.

구비조건

- 45세 이상, 건강보험에 가입한 자
- 일정한 수입이 보장된 신청인(피지에서 직업을 가지면 안 됨).
- 피지 예금구좌에 F$10만 달러(약 6,000만원) 예치 또는 F$10만 달러 상당의 자산 구입 서류와 매년 F$ 3만~4만달러 예치되어야 함.
- 가족 수 4명 이하인 경우 : 매년 F$ 3만달러 예치
- 가족 수 4인 이상 7인 이하 : 매년 F$ 4만달러 예치
※ 거주사증 허가가 나면 자동적으로 배우자 및 21세 이하의 자녀도 자동 취득함. 단 22세 이상은 별도 신청하여야 함.

3. 학생사증(student visa)

피지 정부는 교육의 중요성을 고려하여 타 사증에 비해 큰 제한 없이 발급해주고 있다.

구비조건

- 이민 당국은 연수, 기술과정, 기타 학위 취득의 목적으로 하는 신청인에게 교육기간에 맞는 기간의 학생사증을 발급해줌.
- 희망하는 학교의 공문(신청인이 특정 교육과정에 입학되었다는 내용)

4. 사업(노동)사증(work permits)

피지 정부는 피지에는 없는 기술을 가진 외국인이 취업을 희망하거나 피지에서 자본을 투자하고 기업을 설립하는 외국인에게 노동(사업)사증을 발급하고 있다.

구비조건

- 이민국이 승인하는 전문직종의 자격증을 소지한 자가 취업을 하는 경우
- 피지에는 제공될 수 없는 기술과 서비스를 가진 자가 현지인 고용주와 고용 계약을 맺은 경우

- 신문 구직광고 clipping
- 피지에는 없는 기술임을 인정하는 노동부장관의 증명서
  (2000.7.01. 발효)
- 현지 교육생의 이름, 현지인 교육연수계획서(취업을 희망하는 자가
  현지인에게 기술연수를 시켜야만 함)
- 영어활용증명서(공인된 당국에서 발행된 것)
- 신부나 목사, 종교단체
- 노동부 장관이 승인하는 사업체를 설립코자 하는 경우
- 투자 자산과 자본 규모가 최소 F$ 20만달러인 경우 최고 7년 기
  한의 사업사증이 발급될 수 있음.
- 투자 자산과 자본 규모가 최소 F$ 10만달러인 경우 최고 3년 기
  한의 사업사증이 발급될 수 있음.
- 다수의 주주가 있을 경우 각 주주가 최소 F$ 10만불을 투자하여
  야 함.
- 일단 사업사증이 발급되면 배우자와 21세 이하의 자녀는 거주사
  증(resident permits) 자동 취득
- 먼저 투자를 희망하는 외국인은 이민국에 앞서 주재국 투자청(Fiji
  Trade & Investment Board, 약자 FTIB)에 사업제안서를 송부하고
  허가를 받아야 함.

▶ 호주 · 캐나다 · 뉴질랜드

호주 시드니, 캐나다 밴쿠버, 뉴질랜드 오클랜드. 이들 세 도시의 공
통점은 무엇일까. 우선 여행사 직원들이 선택한 '은퇴 후 살고 싶은 도
시 베스트 3'에 나란히 꼽힌 도시이다. 또 다른 공통점은 영어권 국가
이며 비교적 사계절이 뚜렷하다는 점이다. 겨울이 있다고 해도 비교적
온난한 날씨가 이어져 은퇴한 노인들에게는 '딱' 맞는 기후다. 그렇다

면 세 도시에서 은퇴생활을 즐기는 데는 어느 정도의 비용이 들까.

● 호주 시드니

호주 시드니는 호주 전체 인구 2,000만명 가운데 4분의 1에 가까운 500만명이 살고 있는 호주 최대 도시이다. 호주의 수도는 캔버라지만 시드니는 행정을 제외한 경제, 사회, 교육, 문화의 중심지다. 호주에 있는 한국 교민들도 대부분 시드니에 모여 살고 있다. 전체 교민 8만 7,000여명 가운데 6만명이 시드니에 거주하고 있을 정도이다.

이민자의 나라답게 호주는 은퇴비자 제도를 처음으로 도입해 은퇴 이민자를 적극 유치하고 있다. 기여금투자제를 운영해 55세 이상 은퇴자가 50만~70만 호주달러(3억6,000만~5억원)의 주정부 채권을 매입하면 은퇴비자를 제공해준다. 처음 4년 동안은 채권 매각이 불가능하지만 다음 4년부터는 투자금을 매각할 수도 있다.

시드니에서 은퇴생활 비용은 얼마나 필요할까. 선진국이라 많은 금액을 생각할지 모르지만 생각보다 생활비는 저렴한 편이다. 국내에서 월 200만원 정도의 소비 수준을 시드니에서 유지하고 싶다면 호주달러로 2,000달러면 충분하다. 우리 돈으로 환산하면 150만원 수준이다. 상대적으로 우리나라의 물가 수준이 호주보다 높기 때문이다.

주거비 역시 서울과 비교하면 높은 편은 아니다. 시드니 근교 40~50평대 단독주택 가격이 우리 돈 4억~6억원대에 형성돼 있다. 방 4개, 100평 정도의 정원이 딸려 있는 게 보통이다. 국가의료보험 혜택이 있기는 하지만 공공의료서비스의 질은 높지 않아 대부분 민영의료보험 제도에 의료서비스를 의존하고 있다. 은퇴 이민자의 경우 민영의료보험 가입이 의무화돼 있어 연간 1,200~2,000달러 수준의 의료보험료를

1. 개요

▲ 55세 이상으로 신체검사와 신원조회에 이상이 없는 자와 배우자

▲ 4년 체류가 허용되며 2년씩 연장 가능

▲ 사립의료보험 가입의무

▲ 자산과 고정수입에 대한 정의 및 필요 액수

▲ 자산 : 호주로 이전 가능한 순수 소유 자산

▲ 고정수입 : 연금이나 투자수익으로 창출되는 고정수입

호주 내 신청자의 연고가 없는 경우	A$870,000 이상의 자산 혹은 A$350,000 이상의 자산과 연 A$52,000 이상의 고정수입
신청자가 호주 내 거주하고 있는 시민권자, 영주권자, 또는 적격한 호주 시민권자의 부모인 경우	A$800,000 이상의 자산 혹은 A$315,000 이상의 자산과 연 A$50,000 이상의 고정수입

2. 은퇴비자 소지자의 권리

▲ 주 20시간의 노동허가

▲ 호주에서 부동산 취득할 경우 '해외투자심의기관' 의 승인을 받아야 함.

▲ 호주와 쌍무협정을 체결한 국가시민의 경우 사회보장 혜택, 의료보험제도 등의 혜택을 받을 수 있음(한국의 경우 받을 수 없음).

내면 양질의 의료서비스를 제공받을 수 있다.

● 캐나다 밴쿠버

캐나다 밴쿠버는 세계 갑부들이 은퇴 후 가장 살고 싶어하는 최고의 은퇴도시로 꼽힌다. 연중 온화한 기후에 치안, 교육, 의료, 문화 등 거주 인프라가 세계 최고 수준을 자랑한다. 특히 밴쿠버에서 배로 1시간 30분 거리에 있는 밴쿠버섬은 세계 유명 인사들의 은퇴 집합촌이라고 할 만큼 높은 인기를 누리고 있다.

밴쿠버는 토론토, 몬트리올 등에 이은 캐나다 3대 도시중 하나다. 인구는 230만명 내외지만 최근 이민자들이 급격히 증가하고 있는 추세이다. 미국 이민의 경우 돈을 벌기 위한 생계형 이민이 많다면 캐나다는 조기교육을 위한 교육형, 은퇴생활을 위한 은퇴형이 상대적으로 많다. 은퇴한 노부부의 경우 월 평균 생활비용은 2,500~3,000 캐나다 달러 정도면 충분하다. 우리 돈으로 환산하면 대략 210만~250만원 수준이다.

은퇴생활에 충분한 주택가격은 50만달러 내외이다. 밴쿠버 도심에서 40~50분 거리에 있는 단독 주택의 경우 50만달러면 충분히 괜찮은 주택을 구입할 수 있다. 이는 미국처럼 주택가격 변동이 크지 않고 안정적으로 움직이는 특징이 있기 때문이다. 실제로 캐나다 정부는 따로 은퇴비자 제도를 두고 있지 않기 때문에 밴쿠버에서 은퇴생활을 즐기려면 영주권을 받아야 한다. 그러나 은퇴이민의 경우 영주권을 취득하기가 쉽지 않다. 40만 캐나다달러를 은행에 무이자로 5년간 예치해야 하는데다 까다로운 심사규정도 있기 때문이다. 최근에는 캐나다 각 주 정부의 이민 심사가 까다로워져 투자이민을 가려고 해도 영주권을 받기까지 2년 정도의 시간이 필요하다. 따라서 캐나다 은퇴이민을 계획하고 있다면 미리미리 준비해야 한다.

● 뉴질랜드 오클랜드

뉴질랜드는 정치, 사회 시스템이 대부분 이웃 나라인 호주와 비슷하다. 같은 영연방국가인데다 지리적으로 가깝고 뉴질랜드 경제의 상당 부분이 호주에 기대고 있기 때문이다. 뉴질랜드의 전체 인구는 400만명이다. 이 가운데 170만명 정도가 수도인 오클랜드에 모여 산다. 뉴질

랜드에 거주하는 한국 교민은 3만5,000명 수준이다. 이중 2만5,000명
이 오클랜드에 살고 있어 '뉴질랜드 = 오클랜드'로 보아도 무방할 정
도다.

뉴질랜드는 호주와 달리 은퇴비자 제도가 따로 없다. 대신 정부 차원
에서 투자이민을 적극 유치하고 있다. 그러나 투자이민이 보통 사람들
에게는 그리 쉽지 않은 편이다. 뉴질랜드달러로 200만달러(약 12억
6,000만원)를 은행에 예치한 후 4년간 인출하지 못한다는 조건이 있다.
대신 은행에 예치한 돈은 연리 5% 수준의 이자를 제공하며 매월 수령
이 가능하다. 오클랜드 근교의 주택가격은 방 4개, 100평 정도의 정원
이 딸린 단독 주택이 2억5,000만~3억5,000만원 수준이다.

최근 뉴질랜드에는 한국인 이민자들이 급증하고 있다. 조기유학 붐
이 불면서 뉴질랜드가 미국, 캐나다를 대체하는 후보지로 급부상하고
있기 때문이다. 뉴질랜드에서의 평균 생활비는 호주와 비슷하다. 은퇴
자의 경우라면 월 130만~150만원 정도면 국내에서 200만원 정도 지
출하는 생활수준을 누릴 수 있다.

아름다운 퇴장을 위한 상속

사회가 각박해지면서 언론매체에 종종 등장하는 사건이 있다. 바로 부모님의 재산을 놓고 벌이는 상속분쟁이다. 이런 자녀간의 분쟁을 막기 위해서는 은퇴설계시 상속설계도 반드시 같이 해야 한다.

Rich Life Plan

7장

1 상속은 또 다른 인생의 시작

▌재무설계 차원에서의 상속

사회가 각박해지면서 언론매체에 종종 등장하는 사건이 있다. 바로 부모님의 재산을 놓고 벌이는 상속분쟁이다. 이런 자녀간의 분쟁을 막기 위해서는 은퇴설계시 상속설계도 반드시 같이 해야 한다. 상속을 준비하기 전에 반드시 알아둬야 할 몇 가지 사항들을 점검해보자.

우선 지금까지 갖고 있던 상속에 대한 생각을 바꿔야 한다. 우리 사회에서 상속이라고 하면 대기업 회장이 자식에게 회사를 넘겨주기 위한 것쯤으로 생각하는 경우가 많다. 하지만 상속은 한 개인이 생전에 유형으로든 무형으로든 이룩한 총체적 결과물을 후세에게 물려주는 것으로 생각하여야 한다. 특히 상속은 반드시 가족에게만 이루어지는 것이 아니라 불우한 단체를 위해서도 가능하다.

우리나라 제1호 안과의사이자 한글타자기 발명자인 공병우 박사는 1995년 3월 7일 세상을 떠날 때 "나의 죽음을 세상에 알리지 말고 쓸 만한 장기와 시신은 모두 병원에 기증하라. 죽어 땅 한 평을 차지하느니 그 자리에 콩을 심는 게 낫다"는 말을 남겼다. 그래서 그의 죽음은

이틀이 지나서야 세상에 알려졌다.

　수원지법 부장판사로 일하다 명예퇴직한 정해남 변호사가 당시 법원 전산망에 공개한 유언은 다음과 같다. 법관으로 일하며 저질렀을지 모를 잘못을 속죄하는 심정으로 "뇌사판정이 날 경우 장기를 기증하고 남은 육신은 화장하며 재산의 3분의 1 이상을 이웃사랑과 환경보호에 쓰겠다"는 내용을 담았다. 자녀들에게는 "너희에게 일절 상속을 하지 않는다면 내가 욕심내지 않고 변호사 생활을 바르게 할 수 있을 것"이란 말도 덧붙였다.

[상속 · 증여계획 마련 절차]

재무상황 분석
↓
노후생활 설계
↓
자녀생활 설계
↓
상속 · 증여플랜 마련

· 최소 상속개시 10년 전
· 가족 구성원 모두의 이해와 동의

　공병우 박사와 정해남 변호사가 보여준 유언은 상속을 단순히 돈으로 생각하지 않는 데서 비롯되었다. 따라서 이제부터는 우리도 상속을 부에 대한 세습으로 생각하지 말고 본인의 삶을 후대 및 우리 사회와 커뮤니케이션하는 매개체로 생각해야 할 것이다.

　그렇다면 이제부터 상속설계는 어떤 절차에 따라 이루어지는지 살펴보도록 하자. 재무설계시 재무목표를 정하듯이 상속설계 역시 가장 먼저 해야 할 일은 '상속의 목표'를 세워야 한다. 우선 상속의 비재무적인 목표에는 부양가족을 돌보는 것뿐만 아니라 공정하고 적절한 재산

분배, 철저한 비밀 유지, 신속한 상속 처리 등이 있다.

비재무적인 상속목표가 명확하게 정해진 후에는 구체적인 재무적인 목표를 수립한다. 재무적인 목표는 ▲세금과 관계없는 재무목표와 ▲세금과 관련된 재무목표로 구분된다. 세금과 관계없는 재무목표는 자산 이전비용의 최소화, 신중한 서류 작성, 사업가치 보존, 유가족을 위한 이익 극대화 등이다. 세금과 관련된 재무목표로는 재산종류나 기간별 절세방법, 사전 증여방법, 상속공제 등으로 상속에 따른 절세방안을 찾는 것이 주요 목적이다.

❙ 상속제도에는 무엇이 있나

상속제도 중 가장 널리 알려지고 이용되고 있는 것이 '유언'이다. 현행 상속제도에서도 유언상속은 가장 우선시 된다. 유언은 유언자의 사망과 동시에 일정한 법률효과를 발생시키는 것을 목적으로 하는 유언자의 단독행위로 보면 된다. 유언은 만 17세 이상이고 의사능력이 있다면 누구나 할 수 있다. 다만 유언은 유언자가 사망한 후 그에게 유언의 의사를 물어볼 수 없기 때문에 유언자의 의사가 그대로 실현되도록 민법은 엄격한 방식을 요구하고 있다.

유언의 종류에는 ▲자필증서 유언 ▲녹음에 의한 유언 ▲공정증서 유언 ▲비밀증서 유언 ▲구술증서(대필) 등이 있다. 이러한 유언장이 법적인 효력을 갖추기 위해서는 몇 가지의 요건이 필요하다. 자필유언서의 경우 유언자 본인의 이름, 주소, 날짜가 명기되고 도장이 찍혀 있어야 하며 유언장은 작성자가 사망한 날로부터 효력이 발생한다. 녹음유언인 경우에도 자필유언서와 같은 요건이 필요하다. 반드시 목소리가 유언자 자신의 육성이라는 것을 증명할 수 있도록 신분을 밝히는 내용이 수록되어야 한다. 공증증서는 가장 완벽하나 공증비용이 든다. 비밀증서 유언장은 봉투 봉합부분에 작성일을 명시한 후 그로부터 5일 이내에 가정법원의 검인을 받아야 유효하다. 구술증서는 대필자의 성명과 주소가 명기되어야 하며 작성일로부터 70일 이내에 법원 검인을 받아야 효력이 발생한다.

유언에 의해 상속이 개시될 때는 다음과 같은 원칙이 적용된다.

첫째, 균등상속의 원칙이 적용된다. 법정상속은 동순위자간 균등상속분주의를 원칙으로 한다. 다만 배우자는 같이 상속을 받는 자녀들보다 50%를 더 가산해서 받게 된다. 부부가 같이 사는 동안 공동으로 재산을 형성한 공로를 인정하기 때문이다.

둘째, 상속인에게 실질적인 형평성을 고려하도록 하고 있다. 이는 균등상속의 원칙에서 배우자가 자녀들보다 더 많이 받는 것처럼 피상속인의 재산 형성에 특별히 기여한 사정이 있거나 특별한 혜택 등을 부여받은 경우를 구체적으로 고려해 형평성을 고려하는 제도이다. 구체적으로는 기여분제도와 특별수익분제도 등이 있다.

넷째, 임의상속원칙이 적용된다. 상속인이 무조건 상속을 받아야 하는 강제상속 대신 상속인이 일정기간 안에 상속을 포기하거나 상속채무를 제외한 재산만을 상속(상속의 한정승인)할 수 있는 자유를 허용하고 있다.

다섯째, 상속인의 생활보장과 유언상속 우선원칙을 절충한 유류분제도가 있다. 이는 유언자의 지나친 유언으로 유족들의 생활이 보장되지 않을 경우 법정상속인들에게 제3자에게 이전된 상속재산을 반환받을 수 있도록 권리(유류분권)을 인정하는 것이다. 영국·미국을 제외한

[유류분의 지분율]

법정상속인	유류분 지분
배우자 · 직계비속	법정상속지분의 1/2
직계존속 · 형제자매	법정상속지분의 1/3
4촌 이내의 방계혈족	유류분제도 해당없음

* 직계존속 · 형제자매에 대한 유류분은 선순위 상속인이 없는 경우에만 해당됨.

대부분의 국가가 이 제도를 채용하고 있으며 우리나라도 1977년의 민법 개정으로 이 제도를 신설하였다. 유류분의 지분율은 배우자 · 직계비속은 법정상속지분의 1/2, 직계비속 · 형제자매는 1/3이며 4촌 이내의 방계혈족에게는 해당되지 않는다.

② 상속세 절감의 법칙

❙ 사전증여·신고세액공제 활용

사람이 태어나서 피할 수 없는 두 가지가 있다면 하나는 죽음이고 또 다른 하나는 세금이라고 한다. 심지어 로또복권 1억원에 당첨됐다고 해서 1억원을 고스란히 받을 수 있는 것은 아니다. 소득세와 같은 세금을 내야 하기 때문이다. 아무리 우연하게 당첨된 복권이라도 이렇듯 세금을 뗀 당첨금을 받으면 왠지 손해를 봤다는 느낌을 지울 수가 없다.

상속도 마찬가지다. 부모가 한 평생 모은 재산을 자녀에게 물려주려는데 상속세가 상속재산의 50%라면 얼마나 억울하겠는가. 이런 억울한 심정이 들지 않도록 다음과 같은 방법으로 상속세를 줄일 수 있도록 하자.

우선 상속할 재산이 많아 세금 부담이 크다면 이를 줄이기 위한 사전증여방법을 고려해야 한다. 예를 들어 배우자에게 10년마다 3억원 이내의 재산을 증여할 경우에는 증여세가 없다. 자녀에게 상속할 경우에는 어린이펀드를 활용하면 절세 혜택이 뛰어나다. 세법에서는 만 19세까지는 10년 단위로 1,500만원, 20세 이후에는 3,000만원까지 증여세

공제 혜택이 있다. 다시 말해 자녀에게 9세 때까지 1,500만원, 19세 때까지 추가로 1,500만원, 20세 이후에 3,000만원을 세금 부담 없이 증여할 수 있다. 증여세 신고절차 또한 간단하여 국세청 홈페이지에서 증여세 신고서를 다운받아 호적등본과 펀드 통장 사본을 지참하여 주소지 관할 세무서에 가서 신고하기만 하면 된다.

다음으로 상속세 신고세액공제를 적극 활용하면 상속세를 덜 낼 수 있다. 상속세 신고세액공제는 상속세액의 납부를 요건으로 하지 않고 신고서만 제출하면 공제받을 수 있다. 따라서 상속세를 신고하지 않고 끝까지 버틸 것이 아니면 상속세액은 나중에 납부하더라도 상속 개시 후 6개월 내에 반드시 신고서를 제출하여 10% 신고세액공제를 받는 것이 절세측면에서 유리하다.

아울러 상속세율을 전부 암기할 수는 없지만 최소한 상속세율이 5단계 초과 누진세율이며 최고세율은 50%라는 것 정도는 알고 있어야 한다. 또 상속일로부터 6개월 이내에 상속세신고서를 제출하면 10%의 상속세 신고세액공제가 있다. 반면 신고하지 않고 버티면 가산세가 부

어린이펀드를 통한 증여세 공제 혜택

▲ 상속세 및 증여세법 53조(증여재산공제)에 근거
▲ 어린이펀드 가입시 반드시 자녀명의로 가입하여야 함.
▲ 미성년자가 직계존속으로부터 증여를 받은 경우, 자녀 1인당 만 19세 미만까지는 10년 단위로 1,500만원, 20세 이후 3,000만원까지 증여세 공제 가능
▲ 증여세를 공제받으려면 1,500만원과 3,000만원이 되는 시점에 관할 세무서에 반드시 신고해야 함.

[과세표준과 상속세율]

과세표준	상속세율
1억원 이하	10%
1억원 초과 5억원 이하	1,000만원+1억원 초과금액의 20%
5억원 초과 10억원 이하	9,000만원+5억원 초과금액의 30%
10억원 초과 30억원 이하	2억4,000만원+10억원 초과금액의 40%
30억원 초과	10억4,000만원+30억원 초과금액의 50%

자료 : 국세청

과되는데 신고불성실가산세가 10%(무신고 등은 20%)이다. 납부불성실
가산세는 1일 0.03%이다.

[세금 효과와 장기투자]

상속세와 관련된 절제전략도 중요하지만 평소 우리가 살아가면서
투자하는 금융상품에 대한 세금도 눈여겨 보아야 한다. 그래야만 최고
의 수익률을 고려한 투자전략을 수립할 수 있기 때문이다.

금융상품에 투자를 할 때 그림자처럼 따라붙는 세금은 크게 이자소
득세와 배당소득세를 꼽을 수 있다. 현재 주식의 경우 개별 주식의 매
매차익이나 주식형 펀드의 차익에 대해서는 과세를 하지 않고 있다.
하지만 주식의 보유로 인한 배당소득에 대해서는 배당소득세를 부과
한다. 채권의 경우에는 개별 채권의 이자와 채권펀드의 매매차익에 대
해서는 일반 은행상품과 마찬가지로 이자소득세가 부과된다. 이자소
득세는 14%이지만 1.4%(소득세의 10%)의 주민세가 부과되어 투자자
가 부담하는 실질 이자소득세는 15.4%이다. 배당소득세는 이자소득
세와 세율이 같다. 이자소득세와 배당소득세는 저축이나 투자를 통하
여 이득을 얻은 투자자 개인이 납부하는 것이 아니다. 이자소득과 배

당소득을 지급하는 금융기관이 해당세금을 미리 원천징수하고 남은 차액을 투자자에게 지급한다.

따라서 투자자가 실제로 지급받는 금액은 세금을 공제한 금액이다. 복리효과를 최대화하기 위한 장기투자에 있어서 걸림돌 중의 하나가 바로 이 세금이다. 세금은 원금을 키우기 위해 재투자되어야 할 이자를 갉아먹는다.

예를 들어 최초 투자원금 1,000만원을 연 복리수익률 10%에 투자했을 때 세금이 과세되지 않았을 때와 투자수익에 대하여 15.4%의 세금이 부과되었을 때의 차이는 다음 표와 같다. 투자기간이 길어질수록 세금은 눈덩이처럼 불어난다는 것을 쉽게 알 수 있다.

	수익률 10%		
	경과연수에 따른 원리금		
경과연수	세전 복리	세후 복리	차이금액
1	11,000,000	10,846,000	154,000
2	12,100,000	11,763,572	336,428
3	13,310,000	12,758,770	551,230
4	14,641,000	13,838,162	802,838
5	16,105,100	15,008,870	1,096,230
10	25,937,425	22,526,618	3,410,806
15	41,772,482	33,809,909	7,962,573
20	67,274,999	50,744,853	16,530,146
25	108,347,059	76,162,292	32,184,768
30	174,494,023	114,310,994	60,183,028

특히 개인의 연간 금융소득(이자소득과 배당소득)이 4,000만원 이내일 경우에는 원천징수로 과세를 종결하지만 연간 금융소득이 4,000만원을 초과할 경우에는 그 초과하는 금액에 대해서 다른 종합소득금액과 합산하여 과세를 한다. 금융소득 종합과세에 해당하게 되면 이자

및 배당소득과 다른 소득과의 합산한 소득금액에 따라 종합소득세율이 적용되는데 최고세율은 38.5%(주민세 포함)이다.

[과세표준과 종합소득세율]

과세표준	세율
1,200만원 이하	과세표준의 8%
1,200만원 초과 4,600만원 이하	17%
4,600만원 초과 8,800만원 이하	26%
8,800만원 초과	35%

자료 : 국세청
2008년 1월 1일부터 변경 시행

따라서 적립액과 그에 따른 금융소득이 커질 가능성이 높아지기 때문에 장기투자를 할 때는 특히 세금문제에 각별히 신경을 써야 한다. 특정 투자기간이 지나면 투자이익의 일정 부분에 대해 세금을 공제해주는 금융상품을 적극 활용하는 것이 바람직하다.

▌ 보험을 활용한 상속세 절감

보험은 자녀에게 상속이나 증여를 할 경우 물게 되는 세금을 절약할 수 있어 거액 자산가들이 선호하는 금융상품이다. 국세청이 상속세와 증여세를 덜 낼 수 있는 합법적인 방법으로 보험을 권유하는 것만 보더라도 보험은 앞으로도 각광받는 절세수단이 될 것이다.

보험금의 경우 원칙적으로 보험계약자와 보험수익자가 같아야 세금이 없다. 만약 이 둘이 다르다면 증여나 상속의 문제가 생긴다. 보험금은 피보험자의 생사 여부에 따라 생존보험금과 사망보험금으로 구분할

[보험금에 부과되는 증여세와 상속세]

	증여세	상속세
보험금	생존보험금(피보험자 생존)	사망보험금(피보험자 사망)
계약자=수익자	없음	없음
계약자≠수익자	증여세 부과(단, 공제기능)	상속세 부과
보험상품	저축보험 연금보험	종신보험, 정기보험 즉시연금보험(상속형)
공제한도	기간: 10년 이상 배우자: 3억원 자녀: 3,000만원 (미성년자: 1,500만원)	금융재산공제: 보험금을 포함한 금융재산의 20%를 상속재산가액에서 공제(최고 2억원)

수 있다. 세금 또한 증여세와 상속세로 나눠진다. 부모로부터 많은 재산을 물려받으면 6개월 이내에 상속세를 내야 한다.

재산이 10억원 이하인 사람은(배우자가 없는 경우 5억원) 상속세를 부담하지 않기 때문에 종신보험의 상속효과는 없는 셈이다. 그러나 재산이 그 이상인 사람이 종신보험에 가입한 경우 금융재산 상속공제로 최저 2,000만원에서 최고 2억원까지 소득공제를 받을 수 있다. 상속인이 현금이나 예금 등 유동성이 부족한 경우 부동산 등을 헐값에 처분하지 않고도 상속세를 납부할 수 있다는 장점도 있다.

계약자와 피보험자와 수익자를 다르게 지정함으로써 고율의 상속세가 아닌 낮은 세율의 세금을 납부할 수 있는 방법도 있다. 즉 아래의 표와 같이 계약자(보험료를 납입하는 사람)와 피보험자(생명을 담보로 하는 사람), 수익자(보험금을 받는 사람)의 관계를 따져보면 세무관계를 파악할 수 있다.

[계약자 · 피보험자 · 수익자의 세무관계]

계약자	피보험자	수익자	세무관계
자녀	아버지	자녀	세금없음(단, 대신 내준 보험료는 증여세 납부)
남편	부인	남편	세금없음
남편	남편	부인	사망보험금 상속세 납부 만기보험금 증여세 납부
남편	부인	자녀	사망보험금 상속세 납부 만기보험금 증여세 납부

▶ 종신보험을 활용한 상속설계 사례

중소기업을 경영하고 있는 이대박 사장(48세)

연매출 50억~80억원을 올리는 중소기업을 경영하고 있는 이대박 사장은 아내 박다혜씨(46세)와 중학교와 고등학교에 각각 다니는 자녀 둘의 가장이다.

최근 절친했던 변사장의 갑작스럽 사망으로 유가족들이 거액의 상속세를 놓고 고민하는 것을 본 이씨는 본인의 상속세 규모가 궁금해졌다. 이씨는 이를 위해 평소 절친하게 지내는 재무설계사를 찾았다.

재무설계사와 함께 재무상태표를 작성해본 결과, 현재 거주하고 있는 아파트(시가 7억원)와 상가(시가 23억원), 사업자산(개인) 10억원, 예금 및 주식 등의 금융자산이 5억원 등으로 자산이 총 45억원에 달했다. 만약 이씨가 갑자기 사망했을 경우 발생할 상속세는 일괄공제 5억원, 배우자 상속공제 약 19억원, 금융자산공제 1억원 등으로 상속세 과표가 대략 20억원 정도가 된다. 즉 과표상속액인 20억원은 상속세율 40% 구간에 해당되므로 약 6억6,000만원 정도의 상속세가 발생하게 된다.

하지만 지금 당장 상속이 발생될 경우 유가족이 납부해야 할 세금은 약 6억6,000만원인데 유동성 자산인 금융자산이 5억원밖에 되지 않아 1억6,000만원 가량이 부족하게 된다. 특히 자산가치가 연 4% 정도씩만 상승하더라도 10년 후 상속세가 10억원이 넘을 것으로 예상되므로 시간이 지날수록 상속세 납부 부족 금액이 커져 부동산을 매각할 수밖에 없는 상황에 처하게 될 수도 있다.

이같은 문제를 해결하기 위해 10억원의 종신보험에 가입한다면 어느 때 상속이 발생하더라도 즉시 10억원의 현금을 수령할 수 있어 상속세 부담이 줄어들게 된다.

 **보험차익에 대한 과세**

우리는 일반적으로 보험차익(수령보험금이 보험료 납입금액을 초과하는 경우 그 초과액)에 대해서는 세금이 부과되지 않을 것이고 생각하고 있다. 하지만 이는 잘못된 생각이다. 10년 미만의 단기저축성보험차익에 대해서는 이자소득으로 과세되기 때문이다.

[보험차익의 과세유형]

구분	사고에 의한 보험차익	만기에 의한 보험차익	
보장성보험	보장성보험은 무조건 과세대상이 아님		
저축성보험	과세하지 아니함	단기성(10년 미만)	이자소득으로 과세함
		장기성(10년 이상)	과세대상 아님

다만 10년 미만의 단기저축성보험에서 차익이 발생하더라도 상해 등을 사유로 하는 손해배상금은 과세되지 않는다. 정신적 피해 등에 대한 위자료, 보상금에 대해서는 마찬가지다. 반면 계약의 위약·해약 등에 의해서 받는 손해배상금은 기타소득으로 과세된다.

중앙경제평론사
중앙생활사

Joongang Economy Publishing Co./Joongang Life Publishing Co.

중앙경제평론사는 앞서가는 오늘, 보다 나은 내일이라는 신념 아래 설립된 경제·경영서 전문 출판사로서 성공을 꿈꾸는 직장인, 경영인에게 전문지식과 자기계발의 지혜를 주는 책을 발간하고 있습니다.

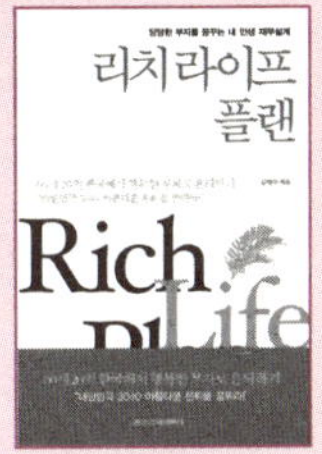

리치 라이프 플랜

초판 1쇄 인쇄 | 2008년 3월 3일
초판 1쇄 발행 | 2008년 3월 7일

지은이 | 김영수(Youngsu Kim)
펴낸이 | 최점옥(Jeomog Choi)
펴낸곳 | 중앙경제평론사(Joongang Economy Publishing Co.)

대　표 | 김용주
편　집 | 한옥수 · 최진호
기　획 | 박기현
디자인 | 변희은 · 천지연
마케팅 | 김진철 · 강동근
인터넷 | 김회승

출력 | 국제피알　종이 | 한림피앤피　인쇄 · 제본 | 신흥P&P

잘못된 책은 바꾸어 드립니다.
가격은 표지 뒷면에 있습니다.

ISBN 978-89-6054-035-4(04320)
ISBN 978-89-6054-007-1(세트)

등록 | 1991년 4월 10일 제2-1153호
주소 | ㉾100-789 서울시 중구 왕십리길 160(신당5동 171) 도로교통안전관리공단 신관 4층
전화 | (02)2253-4463(代) 팩스 | (02)2253-7988
홈페이지 | www.japub.co.kr 이메일 | japub@naver.com | japub21@empal.com
♣ 중앙경제평론사는 중앙생활사와 자매회사입니다.

▶홈페이지에서 구입하시면 많은 혜택이 있습니다.

※ 이 도서의 **국립중앙도서관 출판시도서목록(CIP)**은 e-CIP 홈페이지(www.nl.go.kr/cip.php)에서
이용하실 수 있습니다.(CIP제어번호: CIP2008000469)